KB203006

세 이레 영성 회복 훈련

개인의 영성 회복을 위한 3주 프로젝트

황정식 지음

서로사랑

세 이레 영성 회복 훈련(개인의 영성 회복을 위한 3주 프로젝트)

1판1쇄 발행 2016년 11월 28일

지은이 황정식

펴낸이 이상준
펴낸곳 서로사랑(알파코리아 출판 사역기관)
만든이 이정자, 주민순, 장완철
　　　　이소연, 박미선, 엄지일
이메일 publication@alphakorea.org

등록번호 제21-657-1
등록일자 1994년 10월 31일
주소 서울시 서초구 방배중앙로 16, 5층
전화 02-586-9211~3
팩스 02-586-9215
홈페이지 www.alphakorea.org

ⓒ서로사랑 2016
ISBN _ 978-89-8471-331-4 03230

차례

서문

목회자는 교회의 영성을 연출하는 지휘자다

한 교회에서 다년간 목회하며 교회가 역동적인 영성을 유지하는 것이 얼마나 어렵고 힘든 일인지를 매번 절감하며 사역해 왔다. 교인들로 하여금 역동적인 영성을 유지해서 즐거운 교회생활을 할 수 있도록 해야 할 책임은 일차적으로 목사에게 있다고 본다. 그러다 보니 많은 목회자들이 자신이 맡고 있는 교인들이 신앙생활이나 교회생활에 싫증을 느끼지 않게 해야 한다는 강박관념을 갖고 있는 듯하다. 이러한 강박관념을 가지고 사역을 하다 보면 쉽게 지칠 수밖에 없다. 또한 한 교회에서 오랜 기간 사역하며 연륜이 쌓이다 보면 목회자 스스로가 매너리즘에 빠져 무기력해지고 마는 것을 볼 수 있다.

목회 사역은 합창단을 이끄는 지휘자의 연출과 같다. 지휘자가 곡을 잘 해석해서 연출함으로써 감명 깊은 공연이 되게 해야 하듯이, 목회자도 전 교인의 영성 회복과 영성 유지를 역동적으로 이끌어 가기 위해 영성 프로그램을 잘 연출해야 한다. 목회자가 한 교회의 영성 관리를 어떻게 하느냐에 따라 교회 전체의 영적 분위기가 달라지기 때문이다.

우리 교회는 성도들이 각자의 영성을 제대로 유지할 수 있도록 1년에 네 번의 특별 집회를 진행하고 있다. 그 시작은 한 해를 여는 〈특별 새벽기도회〉다. 3주간 진행되는 〈특별 새벽기도회〉를 마치고 한두 달 정도 지나면 교인들의 영성이 가라앉아 영적으로 맥을 놓고 있는 듯한 형편을 보게 된다. 이때가 3월 중순으로, 새 학기의 분주함이 정리될 즈음 외부 강사를 초빙해서 〈벧엘 회복 전도 집회〉(부흥회)를 갖는다. 이는 단순한 부흥회가 아니다. 이 집회를 통해 기존 신자들은 영성을 회복하고, 다른 한편으로는 비그리스도인들을 초청해서 결신하게 한다. 이러한 의미를 담아 〈벧엘 회복 전도 집회〉라는 이름을 붙였다. 그 후 5월 말이나 6월 초부터 3주 동안 〈세 이레 영성 회복 훈련〉을 갖는다. 이 훈련 이후에는 각 부서 하절기 행사가 진행되어 교회가 바쁘게 움직인다. 하지만 대부분의 성도들은 무더위와 장마철을 보내면서 영성이 가라앉게 된다. 그렇기 때문에 9월로 접어드는 때에는 〈브니엘 밤 집회〉를 두 주간 가짐으로써 다시 교인들의 영성을 끌어올린다. 이 집회는 야곱이 하나님과 밤새워 가며 씨름하고 난 후 하나님의 얼굴을 뵈었던 체험을 연상하면서 매일 밤 9시부터 심야기도회 형식으로 진행한다. 이렇게 성도들로 하여금 영성 훈련의 강약 리듬을 경험하게 함으로써 교인들뿐 아니라 목사인 나 역시도 계속해서 영성을 유지할 수 있는 목회를 해 왔다.

본서는 그중 〈세 이레 영성 회복 훈련〉을 진행하면서 시행했던 실제 내용을 정리한 것이다. 이 훈련은 단순히 영적 분위기만을 고조시키는 것이 아니라, 그리스도인으로서 자신의 품성의 문제점을 점검하면서 인격성을 회복하고, 또 실제 생활에 적용함으로 전인적인 삶을 회복하게 하는 데 초점을 두었다. 매년 〈세 이레 영성 회복 훈련〉을 진행하면서 그 결실이 너무도 컸기에, 다른 교회와 목회자 분들에게도 도움이 되기를 바라는 마음으로 한 권의 책으로 발간하게 되었다.

이 훈련은 평상시 새벽기도회를 갖는 시간(약 30분) 정도를 할애하면 되기에 교인들에게 큰 부담을 주지 않으면서도 영성을 회복하는 데 큰 도움을 줄 수 있다. 만약 결심이 선다면 한번 시도해 보기를 강력하게 추천한다. 우리 교회의 진행 방법은 아래와 같다.

- 매일 새벽 〈성도용 훈련 교재〉(참가자)와 〈실천 보고서〉를 양면에 인쇄해서 입장할 때 배포한다.
- 훈련에 참여하는 성도는 〈성도용 훈련 교재〉의 빈칸을 채워야 하기 때문에, 인도자가 빈칸이 있는 부분을 강론할 때는 "빈칸을 채우시기 바랍니다"라는 말로 힌트를 주면서 말씀을 전한다.
- 훈련 참가자들은 당일에 나눈 말씀에 따라 실제로 훈련을 실천하고 〈실천 보고서〉를 작성해서 다음 날 새벽에 제출하게 함으로 각자의 훈련 실시 여부를 점검하고, 또 본인의 출석 체크를 대신하게 한다.
- 〈성도용 훈련 교재〉와 〈실천 보고서〉 내용은 지도자가 더 풍부한 내용으로 재작성해서 활용하면 더욱 효과적이다.
- 훈련이 진행되는 동안 매시간마다 감사헌금 봉투에 참가자의

기도 제목을 기록해서 봉헌하게 하고, 인도자는 그 기도 제목을 가지고 중보기도해 줄 것을 약속한다. 그리고 인도자는 그날그날 올라온 기도 제목을 가지고 그날의 시간 형편에 따라 전부 또는 일부를 선택해서 기도해 준다.

- 훈련이 진행되는 동안 매일 감사헌금을 드리는 것이 부담스러울 수 있는 바, 각자가 집회 기간 동안 헌금할 수 있는 총액을 정하고 그 금액을 집회가 진행되는 기간으로 나누어 매일 각자의 기도 제목과 함께 봉헌하게 하면 부담을 해소할 수 있다. 또 기도 제목을 매번 적다 보면 특별히 추가할 내용이 없을 수 있는데, 그런 경우에는 연일 동일한 기도 제목을 반복 기재해서 올리도록 한다. 훈련 기간 중 응답된 기도가 있으면 그 내용을 간증 차원에서 나누고 감사하게 한다. 그럴 경우 다른 참가자들도 함께 감동과 도전을 받게 된다.

1

경건 훈련

성경: 디모데전서 4:6~8

찬송: 183장(빈 들에 마른 풀같이)

6네가 이것으로 형제를 깨우치면 그리스도 예수의 좋은 일꾼이 되어 믿음의 말씀과 네가 따르는 좋은 교훈으로 양육을 받으리라 7망령되고 허탄한 신화를 버리고 경건에 이르도록 네 자신을 연단하라 8육체의 연단은 약간의 유익이 있으나 경건은 범사에 유익하니 금생과 내생에 약속이 있느니라 어느 유명한 피아니스트가 이런 말을 했다.

"만일 내가 하루 동안 연습을 생략한다면 나만이 그것을 알 것
이다. 또한 만일 내가 이틀 동안 연습을 생략한다면 나의 친구
들이 그것을 알 것이다. 그러나 만일 내가 사흘 동안 연습을 생
략한다면 관객들이 그것을 알게 될 것이다."

이처럼 어떤 방면에 전문가가 되기 위해서는 피나는 훈련과 연습
이 있어야 한다. 피아니스트는 훌륭한 연주를 하기 위해 피아노 건반
을 쉬지 않고 두드린다. 권투 선수는 챔피언이 되기 위해 끊임없이
백을 두들기며, 야구 선수는 안타와 홈런을 치기 위해 열심히 방망이
로 때리는 연습을 한다. 여기에는 결코 예외가 있을 수 없다. 우리의
신앙생활도 마찬가지다. 경건한 신앙생활은 생각처럼 쉽게 이루어지
는 것이 아니다. 여기에는 부단한 노력과 연습이 필요하다. 그렇지
않으면 딱딱하게 굳은 땅처럼 은혜가 메말라서 신앙생활의 기쁨도,
열매도 없이 지낼 수밖에 없다.
　사도 바울은 믿음의 아들인 디모데에게 그리스도 예수의 좋은 일

꾼이 되기 위해 "경건에 이르도록 네 자신을 연단하라"고 말한다. 경건에 힘쓸 때 은혜로 충만해질 수 있고, 더 나아가 예수 그리스도의 좋은 일꾼이 될 수 있기 때문이다. 그렇다면 어떻게 경건한 삶, 은혜 충만한 삶을 살 수 있을까?

1. 경건이란 하나님을 닮아 가는 것이다.

영어 성경은 '경건'이라는 단어를 "godliness"로 표현하는데, 이 말은 '하나님을 공경한다', '하나님을 닮아 간다'는 뜻을 가지고 있다. 사도 야고보는 야고보서 1장 27절에서 "하나님 아버지 앞에서 정결하고 더러움이 없는 경건은 곧 고아와 과부를 그 환난중에 돌보고 또 자기를 지켜 세속에 물들지 아니하는 그것이니라"고 말한다. 그러므로 참된 경건은 말로만 하는 것이 아니라 형제 사랑을 실천하는 것으로 나타나는 삶이다. 또한 우리가 세상과 세상에 있는 것들을 사랑하지 않고 자기 자신을 지켜 세속에 물들지 않도록 힘쓰는 것이다.

참된 경건은 무조건 조용한 성품을 가지는 것도 아니고, 외적으로 경건의 모양만 흉내 내는 것도 아니다. 사도 바울이 이 편지를 쓸 때에는 너무도 많은 성도들이 참다운 경건에서 벗어나 망령되고 허탄한 삶 속에 빠져 있었다. 그래서 바울은 4장 6~7절에서 무엇이라 말하는가?

"네가 이것으로 형제를 깨우치면 그리스도 예수의 좋은 일꾼
이 되어 믿음의 말씀과 네가 따르는 좋은 교훈으로 양육을 받
으리라 망령되고 허탄한 신화를 버리고 경건에 이르도록 네 자

신을 연단하라"

주님이 우리에게 원하시는 삶은 망령되고 허탄한 신화를 벗어 버리는 것이다. 다시 말하면, 경건의 모양만 흉내 내는 삶을 벗어 버리고 오직 경건에 이르기를 부지런히 연습하는 삶을 원하신다. 그럴 때우리의 삶에 경건의 능력이 나타나고, 그리스도의 좋은 일꾼이 될 수 있다.

하나님이 우리를 훈련시키시는 경기장이 어디인가? 바로 주님이 세우신 교회다. 교회는 하나님 앞에서 경건의 삶을 훈련받을 수 있는 가장 좋은 곳이다. 교회를 통해서 예배와 기도, 말씀과 전도 및 섬김의 훈련을 잘 받을 때 우리 삶의 현장에서도 경건의 능력을 갖춘 그리스도인으로 살아갈 수 있게 된다.

2. 경건에 이르는 방법은 끊임없는 훈련이다.

"망령되고 허탄한 신화를 버리고 경건에 이르도록 네 자신을 연단하라"(7절). 영어 성경은 '연단' 을 "training", 즉 **훈련**이라는 의미를 가진 단어로 표현한다. 예수님이 3년 동안 제자들과 더불어 동고동락하면서 삶으로 훈련시키신 것처럼, 훈련이 따를 때 자연스럽게 경건의 삶이 나타나는 것이다.

제자는 태어나는 것이 아니라 **훈련**으로 만들어진다. 마찬가지로 경건도 하루아침에 주어지는 것이 아니라 끊임없는 **훈련**의 결과로 나타난다. 기도 생활도 일종의 훈련이다. 만약 훈련을 받지 않고 경건한 삶을 살 수 있다고 생각하는 사람이야말로 망령되고 허탄한 신화 속에 빠져 있는 사람임을 분명히 기억하기 바란다.

바울이 디모데에게 '경건을 연단하라'고 말한 것은 구체적으로 다음과 같은 뜻을 가지고 있다. 첫째는, 훈련받는 운동선수가 목표를 달성하기 위해 최선을 다하는 것과 마찬가지로 영적인 목표를 달성하기 위해 진력해야 한다는 말이다. 둘째는, 운동선수가 더 자유롭게 훈련하기 위해 입는 옷을 벗어 버리는 것처럼 영적 진보를 방해하는 모든 것을 떨쳐 버려야 한다는 말이다. 셋째는, 운동선수가 목표에서 눈을 떼지 않고 목표를 향해서 달려가는 것처럼 영적인 목표에서 눈을 떼지 말고 진력해야 한다는 말이다.

우리의 신앙생활 속에서 이러한 영적인 훈련이 계속적으로 이루어질 때 자연스럽게 우리의 삶 속에 경건의 모양뿐 아니라 경건의 능력 또한 나타나게 될 것이다.

3. 경건의 훈련은 범사에 유익이 있고, 현재와 내세에도 약속이 있다.

"육체의 연단은 약간의 유익이 있으나 경건은 범사에 유익하니 금생과 내생에 약속이 있느니라"(8절). 바울은 육체의 연단은 약간의 유익이 있지만, 경건은 범사에 유익이 있다고 말한다. 또 육체의 연단은 이 땅에서만 도움이 되지만, 경건은 이 땅을 떠나서 천국에 갔을 때까지 유익이 있다고 말한다.

물론 육체의 연습이 필요하다. 육체를 단련하는 훈련은 우리에게 건강을 가져다준다. 문제는 오늘날 많은 그리스도인들이 약간의 유익이 있는 육체의 연습에는 많은 시간과 물질을 투자하지만, 정작 범사에 유익하고 금생뿐만 아니라 내생에도 유익한 경건의 연습은 소홀히 한다는 것이다. 영적인 것보다 육체적인 것에 더 관심을 갖는 것, 이것이 바로 말세의 현상 중 하나다. 만약 우리가 불신자들이 육체를 연습하는 정성과 노력의 반만큼만 경건의 연습에 쏟는다면 우리의 삶은 분명 달라질 것이다.

이 시대 한국 교회의 문제가 무엇인가? 경건의 모양은 있지만 경건의 능력을 잃어버린 것이다. 그래서 교회생활과 사회생활, 그리고 가정생활이 일치하지 않는다. 주일과 평일의 삶이 일치하지 않는다. 왜 그런 일이 생겼을까? 여러 가지 이유가 있겠지만, 가장 큰 이유는 경건의 훈련을 놓쳐 버렸기 때문이다.

만일 우리가 매일 매순간마다 경건에 이르기를 힘쓴다면 경건의 능력을 회복하게 될 것이다. 메말라 버린 심령에 하나님의 은혜가 다시 회복될 것이다. 그래서 교회에서만 아니라 가정에서도 똑같은 삶을 살아갈 수 있게 될 것이다. 주일만 아니라 평일에도 똑같은 삶을 살 수 있을 것이다.

우리에게 필요한 것은 무엇보다 경건에 이르기 위해 부단히 연습하고 훈련하는 것이다. 매일매일 말씀과 가까이하면서 그 말씀대로 살려고 힘써야 한다. 주님과 교제하는 기도 생활에 열심을 품어야 한다. 그렇게 할 때 당신의 삶에 경건의 능력이 나타나게 될 것이다. 잃어버린 은혜를 회복하게 될 것이다. 그리고 넉넉하게 사명을 감당하는 인생이 될 것이다. 「세 이레 영성 회복 훈련」을 통해 범사에 유익이 있고, 이 땅에서만이 아니라 영원한 나라에 들어갈 때까지 약속을 가진 믿음의 백성으로 승리하게 되기를 소망한다.

• 실천 사항 •

1. '세 이레 영성 회복 훈련' 기간 동안 빠지지 않고 끝까지 참석할 것을 결심하며 기도하자.

2. '세 이레 영성 회복 훈련' 기간 동안 끝까지 참석하기 위해서 가정생활을 어떻게 조정해야 할지 서로 나누어 보자.

3. 오늘 하루의 분주한 일과 속에서도 하나님의 말씀을 묵상하고, 하루를 마친 후에는 가족과 함께 하루의 삶을 나누며 함께 기도하자.

어느 유명한 피아니스트가 이런 말을 했다.

"만일 내가 하루 동안 연습을 생략한다면 □만이 그것을 알 것
이다. 또한 만일 내가 이틀 동안 연습을 생략한다면 나의 □□
들이 그것을 알 것이다. 그러나 만일 내가 사흘 동안 연습을 생
략한다면 □□들이 그것을 알게 될 것이다."

1. 경건이란 하나님을 □□□□ 것이다.

- 영어 성경은 '경건'이라는 단어를 "godliness"로 표현하는데, 이
  말은 '하나님을 □□□□', '하나님을 □□ □□'는 뜻을 가지
  고 있다.

2. 경건에 이르는 방법은 끊임없는 □□이다.

- 제자는 태어나는 것이 아니라 □□으로 만들어진다. 마찬가지로
  경건도 하루아침에 주어지는 것이 아니라 끊임없는 □□의 결과
  로 나타난다.

3. 경건의 훈련은 ☐☐에 유익이 있고, ☐☐와 ☐☐에도 약속이 있다.

- "육체의 연단은 약간의 유익이 있으나 경건은 범사에 유익하니 금생과 내생에 ☐☐이 있느니라"(8절).

우리에게 필요한 것은 무엇보다 경건에 이르기 위해 부단히 연습하고 훈련하는 것이다. 매일매일 말씀과 가까이하면서 그 말씀대로 살려고 힘써야 한다. 주님과 교제하는 기도 생활에 열심을 품어야 한다. 그렇게 할 때 당신의 삶에 경건의 능력이 나타나게 될 것이다. 잃어버린 은혜를 회복하게 될 것이다. 그리고 넉넉하게 사명을 감당하는 인생이 될 것이다.

· 실천 사항 ·

1. '세 이레 영성 회복 훈련' 기간 동안 빠지지 않고 끝까지 참석할 것을 결심하며 기도하자.
2. '세 이레 영성 회복 훈련' 기간 동안 끝까지 참석하기 위해서 가정생활을 어떻게 조정해야 할지 서로 나누어 보자.
3. 오늘 하루의 분주한 일과 속에서도 하나님의 말씀을 묵상하고, 하루를 마친 후에는 가족과 함께 하루의 삶을 나누며 함께 기도하자.

〈실천 보고서〉

* 제출자:_____ * 소속:_____구역

* 실천 사항

1. 주간 실천 항목(매일 실천하고 확인해야 하는 항목으로 O, X표 또는 숫자를 기입하라.)

실 천 항 목	본인 확인	지도자 확인
1. 오늘 새벽 기도회에는 참석하셨습니까?	예 / 아니오	
2. 오늘 하루 동안 성경 말씀을 읽었습니까?	( )장 / 아니오	
3. 오늘 하루 동안 기도를 드리셨습니까?	( )회 / 아니오	

2. 오늘의 집중 실천 항목(오늘 실천하고 확인해야 하는 항목으로, 실천했으면 해당 번호에 O표 또는 내용을 기입하라.)

  1. '세 이레 영성 회복 훈련' 기간 동안 빠지지 않고 끝까지 참석할 것을 결심하며 기도하자.
  2. '세 이레 영성 회복 훈련' 기간 동안 끝까지 참석하기 위해서 가정생활을 어떻게 조정해야 할지 서로 나누어 보자.
  3. 오늘 하루의 분주한 일과 속에서도 하나님의 말씀을 묵상하고, 하루를 마친 후에는 가족과 함께 하루의 삶을 나누며 함께 기도하자.

3. 오늘의 다짐과 묵상 노트(오늘 개인적으로 깨닫고 다짐한 내용을 적어 보자.)

_____
_____
_____

* 실천 보고서 평가

_____
_____
_____

2

기도 훈련

성경: 창세기 32:22~31
찬송: 539장(너 예수께 조용히 나가)

22밤에 일어나 두 아내와 두 여종과 열한 아들을 인도하여 얍복 나루를 건널새 23그
들을 인도하여 시내를 건너가게 하며 그의 소유도 건너가게 하고 24야곱은 홀로 남
았더니 어떤 사람이 날이 새도록 야곱과 씨름하다가 25자기가 야곱을 이기지 못함
을 보고 그가 야곱의 허벅지 관절을 치매 야곱의 허벅지 관절이 그 사람과 씨름할
때에 어긋났더라 26그가 이르되 날이 새려하니 나로 가게 하라 야곱이 이르되 당신
이 내게 축복하지 아니하면 가게 하지 아니하겠나이다 27그 사람이 그에게 이르되
네 이름이 무엇이냐 그가 이르되 야곱이니이다 28그가 이르되 네 이름을 다시는 야
곱이라 부를 것이 아니요 이스라엘이라 부를 것이니 이는 네가 하나님과 및 사람들
과 겨루어 이겼음이니라 29야곱이 청하여 이르되 당신의 이름을 알려주소서 그 사
람이 이르되 어찌하여 내 이름을 묻느냐 하고 거기서 야곱에게 축복한지라 30그러
므로 야곱이 그 곳 이름을 브니엘이라 하였으니 그가 이르기를 내가 하나님과 대면
하여 보았으나 내 생명이 보전되었다 함이더라 31그가 브니엘을 지날 때에 해가 돋
았고 그의 허벅다리로 말미암아 절었더라

❖ 인도자

인류에게 있어 **미래**는 언제나 두렵다. 미래를 자기편이라고 확신할 수 있는 사람은 아무도 없다. 때로는 미래가 **적**으로 다가오기도 한다.

오늘날 우리 귀에 들려오는 뉴스를 보라. 급변하는 사회상을 보라. 점점 흉포해지는 범죄를 보라. 미래를 낙관할 수 있는 사람은 아무도 없다. 오늘날 사회뿐 아니라 성경도 우리의 미래가 결코 만만치 않을 것이라 말한다. 우리는 그것을 말세의 징조들에 대한 예언에서 볼 수 있다. 그렇기 때문에 우리 중 어느 누구도 미래를 자기편이라 함부로 말할 수 없다.

야곱에게도 이러한 문제가 있었다. 고향을 향해 돌아가는 길에 얍복 강가에 이르렀을 때 너무나 두렵고 무서운 미래가 그의 앞을 가로막고 선 것이다. 복수심에 불타는 형 에서가 있는 미래, 사백 인의 군대가 진을 친 미래. 얼마나 오금이 저리는 일인가. 그런데 다음 날 아침 미래를 향해 나아가는 야곱을 보라. 그의 앞을 가로막고 섰던 미래는 더 이상 적이 아니다. 그의 편으로 변해 버린 것이다. 무슨 이유일까? 도대체 그날 밤 어떤 일이 있었기에 미래가 변화되었을까? 바로 얍복 강가에서의 **기도** 때문이다. 그렇다면 얍복 강가의 **기도**의 원리란 무엇일까? 세 가지로 나누어 살펴볼 수 있다.

1. 미래 앞에서 잠시 머물러 기도하라.

야곱은 내일 될 일을 앞두고 성급히 길을 재촉하지 않았다. 가던 길을 멈추고 얍복 나루터에 홀로 남아 머물렀다. 얍복 강은 쉽게 건널 수 있는 강이다. 23절에 보면 "시내"라고 표현되어 있다. 야곱이 그의 가족들과 소유를 건너게 하는 상황이 별로 어렵지 않게 묘사된 것만 봐도 마음먹으면 단숨에 건널 수 있는 강임을 알 수 있다. 그런데 야곱은 걸음의 속도를 늦추고 거기 머물렀다. 미래를 향해 성급히 나서지 않기로 한 것이다.

이러한 야곱의 선택은 우리의 기도에 있어 중요한 원리 하나를 보여 준다. 기도는 분명 삶의 속도를 늦추는 것이다. 지체하는 것이다. 혹자는 이렇게 물어 올 수 있다. 오늘날처럼 속도가 중요한 시대에 멈추어 선다는 것이 과연 될 법이나 한 소리냐고. 어니 젤린스키는 「느리게 사는 즐거움」이란 책을 통해 정곡을 찌른다: "속도보다 더 중요한 것은 방향이다." 그렇다. 삶에서 속도보다 더 중요한 것은 방향이다.

빨리 간다고 능사가 아니다. 제대로 된 방향이 더 중요하다. 고속도로를 이용해서 설악산을 간다고 가정해 보자. 경부고속도로를 타고 달리는데 옆에 가는 차들이 자동차 경주하듯 빠른 속도로 추월하고 있다. 괜한 오기가 발동해 가속페달을 밟아서 결국 그 차들을 앞지른다. 그런데 문제가 생겼다. 영동고속도로로 진입하는 것을 잊은 채 천안을 향해 달리고 있는 것이다. 강릉 가는 고속도로를 놓친 것이다.

빨리 가는 것만으로는 바른 목적지에 다다를 수 없다. 올바른 방향으로 가고 있는가를 점검하기 위해서는 속도를 늦추는 일이 필요하다. 조금 늦더라도 우리가 가야 할 소명의 길, 부르심의 길, 영적인 가나안을 향해 제대로 가고 있는지를 확인해야 한다. 이를 위해 우리에게도 야곱과 같은 얍복 강에서의 기도가 필요한 것이다.

속도를 늦추고 얍복 강가에서 기도하며 머문 야곱에게 어떤 일이 생겼는가? 미래에 대한 고민과 근심으로 엎드려 있던 야곱에게 누군가 다가와 그의 허리를 와락 감싸 안았다. 그러고는 싸움을 걸기 시작했다. 싸움은 날이 새도록 계속되었다. 무슨 영문인지 몰라 황당하며 힘을 쓰던 중 야곱은 그가 누구인지를 점점 알아가게 된다. 그래서 이제는 야곱이 그 사람을 붙들었다. 그가 누구인가? 그분은 바로 하나님이셨다. 상천하지의 미래를 섭리하시는 하나님이 그에게 찾아오신 것이다.

미래 앞에 머물러 겸손히 엎드리는 자에게 미래의 **주인**이신 하나님이 임재하신다. 미래를 열고 변화시키시는 하나님이 우리 기도 중에 임하신다는 것이다. 따라서 우리는 거룩한 지체(遲滯), 거룩한 정체를 해야 한다. 속도를 늦추고서라도 방향을 잡는 기도를 해야 한다.

2. 하나님을 **용사**로 얻을 때까지 기도하라.

야곱의 기도에서 우리가 알 수 있는 또 다른 원리는 "언제까지 기도해야 하는가?"다. 야곱은 언제까지 기도했는가? 27~28절에서 볼 수 있는 것처럼, 그의 이름이 이스라엘로 바뀌기까지 기도했다. 이는 매우 중요한 교훈을 준다. 이스라엘이 무슨 뜻인가? "네가 하나님과 및 사람들과 겨루어 이겼음이니라"(28절)는 뜻이다. 원문을 정확히 풀어 보면, '하나님이 싸우신다' , '하나님이 분투하신다' 는 뜻이다. 이 말은 곧 '하나님이 야곱을 위해 싸우신다' , '하나님이 야곱의 용사가 되신다' 는 것이다.

생각해 보자. 우리가 풀어 가야 할 문제를 하나님이 친히 용사가 되어 푸신다는 것이다. 우리가 해결해야 할 관계, 물질, 학업, 직업과 같은 모든 문제들을 용사 되신 하나님이 자신의 전쟁인 양 친히 싸워 이기게 하신다는 것이다.

야곱이 얍복 강가에서 기도한 후 하나님을 용사로 얻자 다음 날 아침 강 건너에서 어떤 일이 벌어졌는가? 20년간 복수의 칼을 갈았던 형 에서가 변해 있었다. 하나님을 용사로 얻는 기도 앞을 막아설 것은 없다.

야곱은 이제껏 '발꿈치' 를 잡는 인생을 살아 왔다. 우리는 보통 약점을 말할 때 아킬레스건이라 할 수 있는 발꿈치를 이야기한다. 실로 야곱은 여태껏 다른 이들의 발꿈치를 잡으며 치사한 승리를 구가해 왔다. 그러나 이제 더 이상 그렇게 살지 않아도 된다. 하나님이 자기를 위해 싸워 주시기 때문이다.

미래가 걱정되는가? 직업과 학업이, 자녀들의 결혼 문제나 건강 문제가 염려되는가? 하나님 앞에 나아가 물질도 구하고, 좋은 사윗감도 구하고, 좋은 직장도 구하라. 그러나 무엇보다 하나님을 얻으라. 하나님을 용사로 얻는 기도를 하라. 하나님을 얻으면 모든 것이 다 이루어진다. 그렇기 때문에 우리는 이런 확신이 생기기까지 하나님을 바라보며 기도해야 한다. "이제 나와 함께 일어나 가자. 내가 친히 그 문제를 살피고 풀어 주겠노라."

다음과 같은 찬양이 있다.

나 무엇과도 주님을 바꾸지 않으리
다른 어떤 은혜 구하지 않으리
오직 주님만이 내 삶에 도움이시니
주의 얼굴 보기 원합니다
주님 사랑해요 온 맘과 정성 다해
하나님의 신실한 친구 되기 원합니다

부차적이고 이차적인 은혜만 구하다 일어서지 말고, 이 찬양처럼 하나님 그분의 얼굴을 바라며 그분과 동행하는 삶을 구하라. 물질만 바라보며 물질 옆에만 서려 하지 말고, 또한 사람만 바라보며 사람 옆에만 서려 하지 말고, 하나님을 바라보며 그분 옆에 서 보라. 그러면 하나님이 친히 용사가 되셔서 우리와 함께 걸어 주실 것이다. 또한 우리의 문제를 친히 푸시고, 우리의 필요를 채우실 것이다. 여기에 승리하는 삶이 있다.

3. 씨름의 기도를 하라.

야곱의 기도에는 중요한 원리가 하나 더 있다. 야곱이 하나님을 용사로 얻고서 미래를 향해 당당히 나아갈 수 있었던 이유는 무엇인가? 바로 그가 씨름의 기도를 했기 때문이다. 그러면 씨름의 기도란 무엇일까? 호세아 12장 3~5절에 그 답이 있다: "야곱은 모태에서 그의 형의 발뒤꿈치를 잡았고 또 힘으로는 하나님과 겨루되 천사와 겨루어 이기고 울며 그에게 간구하였으며 하나님은 벧엘에서 그를 만나셨고 거기에서 우리에게 말씀하셨나니 여호와는 만군의 하나님이시라 여호와는 그를 기억하게 하는 이름이니라." 이 말씀 속에 씨름의 기도가 설명되고 있는데, 바로 울며 간구했다는 것이다. '울다'의 원어는 '바카'(bakha)인데, 이것은 그냥 소소한 이유 때문에 생겨나는 울음이 아니라 장례식장에서 터져 나오는 '애곡'을 뜻하는 단어다. '바카'는 성경 여기저기서 '울다'(미 1:10), '소리 내어 울다'(창 21:16)라는 단어로 사용되었다. 무슨 말인가? 야곱의 기도는 우리가 장례식장에 모여 상주와 함께 기도하는 것과 같은 기도였음을 말해 준다. 장례식장에서 상을 당한 유가족들과 함께 예배하며 기도한 적이 있는가? 그때의 기도는 평상시의 기도와는 다른 정서와 열정을 가진다. 우리에게는 이러한 기도가 있어야 한다.

정갈하게 잘 가꾸어지고 다듬어진 기도의 언어들은 말하기도 좋고 듣기도 좋다. 그러나 이것들로는 우리의 내면 깊은 곳, 우리의 자아 전부가 하나님과 만나게 하는 데 부족함이 많다는 것을 인정해야 한다. 우리의 말이라는 것이 어떻게 우리의 저 깊은 곳에 있는 감정과 상처와 한과 필요들을 다 대신할 수 있겠는가. 말은 우리를 다 드러내지 못한다. 때문에 우리의 내면세계가 하나님 앞에 다 드러나게 하려면 말로 하는 기도뿐 아니라 야곱이 한 것과 같은 씨름의 기도를 해야 한다.

그렇다면 우리의 기도는 어떤가? 우리 기도의 자세와 열정은 과연 씨름이라 할 수 있는가? 그저 청구서 하나 달랑 올려 드리고 '이건 이렇고 저건 저런데 좀 고려해 주시지요. 뭐 안 되면 할 수 없고요' 하고 마는 것이 우리의 기도 아닌가?

우리에게는 씨름의 기도가 필요하다. 씨름할 때 신음과 외마디 소리가 터져 나오는 것처럼 우리 또한 이러한 간절한 부르짖음으로 기도하면서 우리의 상처를 하나님 앞에 부을 수 있어야 한다. 씨름할 때 땀이 흘러내리는 것처럼 우리 또한 땀이 흥건해지는 수고와 함께 우리의 감정이 주 앞에 다 드러나게 해야 한다. 씨름하면서 잘 안 되면 분해서 눈물도 나는 것처럼 우리 또한 이러한 기도로 우리의 필요를 간절히 아뢸 수 있어야 한다.

우리의 미래는 결코 만만하지 않다. 날이 갈수록 더 힘들어질 것이다. 이러한 미래를 우리 편으로 만들고 승리의 길로 열어 가려면 우리의 기도 역시 달라져야 한다. 씨름하는 기도가 있어야 한다.

얍복 강가에서 행해진 야곱의 기도는 우리에게 중요한 기도의 원리를 가르쳐 준다. 결코 낙관할 수 없는 미래를 승리의 길로 열어 가는 법을 배우게 했다. 먼저는 '속도가 제일이다' 라는 세속적 신화에 속지 말고 과감히 하나님 앞에 머물러 기도함으로 나아가야 할 목적지의 정확한 방향을 찾아야 함을 가르쳐 준다. 그리고 그 은혜의 보좌 앞에서 다른 것을 구하기보다 하나님 그분을 바라고 찾을 때 하나님이 우리의 용사로 일어나셔서 친히 싸워 주신다는 사실을 배웠다. 또한 만만치 않은 우리의 미래, 그 문을 힘차게 열 수 있는 것은 야곱과 같이 씨름하는 기도임을 알게 되었다. 이러한 원리로 우리의 기도를 점검해 보자. 어떤 부분이 부족했으며 문제가 있었는지. 그리고 야곱의 기도로 무장해서 우리 앞에 놓인 미래를 시온의 대로로 만들어 가는 축복을 누리자.

· 실천 사항 ·

1. 훈련 기간 중 응답받고자 하는 기도 제목을 기록해 보자.

_____

_____

_____

2. '씨름의 기도'를 할 수 있는 시간과 장소를 정해 보자. 매일 새벽 기도회나 금요 기도회 혹은 중보기도 등의 기회를 이용해도 좋다.

3. 모든 가족들이 함께 모여 합심 기도하는 시간을 가져 보자.

인류에게 있어 □□는 언제나 두렵다. 미래를 자기편이라고 확신할 수 있는 사람은 아무도 없다. 때로는 미래가 □으로 다가오기도 한다. 그런데 야곱은 그 앞에 있는 적과 같은 미래를 자기편으로 만들고 승리의 길을 열어 간다. 이는 얍복 강가에서의 □□ 때문이다. 야곱의 얍복 강가의 기도 원리를 통해 우리 기도의 영성을 점검하고 능력 있는 기도자로 재무장하자.

1. 미래 앞에서 잠시 □□□ 기도하라.

- 기도는 삶의 □□를 늦추는 것이다. 지체하는 것이다.
- 삶에서 속도보다 더 중요한 것은 □□이다.
- 미래 앞에 머물러 겸손히 엎드리는 자에게 미래의 □□이신 하나님이 임재하신다.

2. 하나님을 □□로 얻을 때까지 기도하라.

- 야곱의 새 이름 이스라엘은 '하나님이 싸우신다', '하나님이 분투하신다' 는 뜻이다. 이 말은 곧 '하나님이 야곱의 □□가 되신다' 는 것이다.

- 부차적인 은혜만 구하지 말고, 하나님의 ☐☐을 바라며 그분과 ☐☐하는 삶을 구해야 한다.

3. ☐☐의 기도를 하라.

- 야곱이 하나님을 용사로 얻을 수 있었던 이유는 그가 씨름의 기도를 했기 때문이다.
- 정갈하게 살 가꾸어시고 나듬어진 기도의 언어들로는 우리의 ☐☐ 깊은 곳, 우리의 ☐☐ 전부가 하나님과 만나게 하는 데 부족함이 많다.

'속도가 제일이다' 라는 세속적 신화에 속지 말고 과감히 하나님 앞에 머물자. 그리고 그 은혜의 보좌 앞에서 다른 것을 구하기보다 하나님 그분을 바라고 찾으며 씨름의 기도를 하자. 하나님이 우리의 용사로 일어나셔서 친히 싸워 주실 것이다.

· 실천 사항 ·

1. 훈련 기간 중 응답받고자 하는 기도 제목을 기록해 보자.

    _____

    _____

    _____

2. '씨름의 기도' 를 할 수 있는 시간과 장소를 정해 보자. 매일 새벽 기도회나 금요 기도회 혹은 중보기도 등의 기회를 이용해도 좋다.

3. 모든 가족들이 함께 모여 합심 기도하는 시간을 가져 보자.

〈실천 보고서〉

* 제출자:_____* 소속:_____구역

* 실천 사항
1. 주간 실천 항목(매일 실천하고 확인해야 하는 항목으로 O, X표 또는 숫자를 기입하라.)

실 천 항 목	본인 확인	지도자 확인
1. 오늘 새벽 기도회에는 참석하셨습니까?	예 / 아니오	
2. 오늘 하루 동안 성경 말씀을 읽었습니까?	( )장 / 아니오	
3. 오늘 하루 동안 기도를 드리셨습니까?	( )회 / 아니오	

2. 오늘의 집중 실천 항목(오늘 실천하고 확인해야 하는 항목으로, 실천했으면 해당 번호에 O표 또는 내용을 기입하라.)

    1. 훈련 기간 중 응답받고자 하는 기도 제목을 기록해 보자.
    _____
    _____
    _____

    2. '씨름의 기도'를 할 수 있는 시간과 장소를 정해 보자. 매일 새벽 기도회나 금요 기도회 혹은 중보기도 등의 기회를 이용해도 좋다.
    3. 모든 가족들이 함께 모여 합심 기도하는 시간을 가져 보자.

3. 오늘의 다짐과 묵상 노트(오늘 개인적으로 깨닫고 다짐한 내용을 적어 보자.)
    _____
    _____
    _____

* 실천 보고서 평가
    _____
    _____
    _____

3

찬양 훈련

성경: 시편 22:1~4

찬송: 21장(다 찬양하여라)

1내 하나님이여 내 하나님이여 어찌 나를 버리셨나이까 어찌 나를 멀리 하여 돕지 아니하시오며 내 신음 소리를 듣지 아니하시나이까 2내 하나님이여 내가 낮에도 부르짖고 밤에도 잠잠하지 아니하오나 응답하지 아니하시나이다 3이스라엘의 찬송 중에 계시는 주여 주는 거룩하시니이다 4우리 조상들이 주께 의뢰하고 의뢰하였으므로 그들을 건지셨나이다 본문을 보면 이 시의 저자인 다윗은 하나님을 찾고 있다. 낮부터 밤까지 줄곧 애타게 하나님의 얼굴을 보기 원했고, 그분의 음성을 듣기 원했다. 그러나 찾을 수 없었다. 1절을 보면, 하나님이 자신을 멀리하는 것 같고 버린 것 같다고 고백한다. 다른 때 같으면 다윗의 신음과 부르짖음이 터져 나오기가 무섭게 얼른 찾아오셨을 텐데 본문에서는 하나님의 옷자락도 보이지 않는다.

우리도 그럴 때가 있다. 힘쓰고 애써 기도해도 기도의 문이 안 열리고, 기도의 줄이 안 잡히는 그런 상황 말이다. 얼마나 애가 타는가. 다윗도 그러한 상황이다. 그런데 얼마를 더 방황하며 하나님을 찾았을까? 마침내 다윗은 하나님을 찾았다. 하나님이 계시는 위치를 찾은 것이다. 하나님은 어디에 계셨는가?

"이스라엘의 찬송 중에 계시는 주여 주는 거룩하시니이다"
(3절).

그렇다. 하나님은 이스라엘의 찬송 중에 계셨다. 하나님은 이스라엘, 곧 구속받은 신앙인들의 **찬양** 가운데 임재하신다는 것이다. 다윗은 이 진리를 깨닫고 본 시편을 만든 것이다.

다윗이 발견한 찬양의 원리, 특별히 **'계시다'** 라는 표현에 대해 깊이 생각해 보자. 이 표현은 히브리어로 '야솨브' (yashab)인데 이는 여러 가지 중요한 뜻을 담고 있다. 우리의 찬양이 과연 하나님 앞에 어떠한 가치와 의미를 지니는지에 대해 생각해 보기에 이 단어만큼 적당한 단어가 없다. 이 단어의 여러 가지 뜻을 상고할 때 우리는 더욱 능력 있는 친미자들로 발전할 수 있다.

1. 찬양은 하나님의 **쉼터**다.

다윗은 하나님이 이스라엘의 찬양 중에 '계시다'고 했는데, 이 표현에는 **'쉬다'** 라는 뜻이 담겨 있다. 실제로 이 **'쉬다'** 라는 단어가 룻기 2장 7절에서 사용되었다. 거기에 보면, 룻이라는 여인이 보아스의 밭에서 곡식 줍는 일을 하고 있는데, 그때 보아스의 종이 그 주인에게 룻을 소개하는 장면이 나온다: "그의 말이 나로 베는 자를 따라 단 사이에서 이삭을 줍게 하소서 하였고 아침부터 와서는 잠시 집에서 쉰 외에 지금까지 계속하는 중이니이다." 종이 룻에 대해, 아침부터 오후까지 잠시 쉬는 시간을 제외하고서는 계속 일하고 있다고 말한다. 여기서 말하는 '쉬다' 라는 표현이 바로 본문에 나오는 '계시다'는 표현이다. 일 중에 잠시 쉬고 안식하는 것을 뜻한다.

하나님이 우리의 찬양 중에 계시다는 것은 우리의 찬양을 안식처요, 쉼터로 삼으신다는 것을 알게 한다. 하나님이 우리의 찬양을 찾아다니시면서 그 찬양을 쉼터 삼아 안식하기를 원하신다는 것이다.

하나님은 일하는 분이시다. 우리 개인과 가정, 교회와 직장, 그리고 하나님의 나라 된 이 땅을 위해 지금도 일하고 계신다. 그런데 이렇게 일하시는 하나님에게 우리가 쉼과 안식을 드릴 수 있다. 무엇으로? 바로 우리의 찬양을 통해서다.

사람들과의 관계에서 만나면 일만 시키고 요구가 많은 사람은 어떤가? 피하고 싶다. 그러나 늘 미소를 머금으며 다가가면 따뜻한 안부를 물어 주고, 같이 앉으면 다정한 대화와 간식을 내어 놓는 사람은 어떤가? 찾아가서 쉬고 싶은 마음이 생긴다.

당신은 하나님 앞에서 어떤 사람인가? 하나님 앞에 일할 거리만 만들어 드리는 일만 저지르는 사람인가, 아니면 편안한 쉼과 안식도 드리는 사람인가? 하나님의 은혜 속에서 자라고 성숙한 성도라면 하나님에게 쉼과 안식도 드릴 수 있어야 한다. 그런 사람이 바로 찬양, 곧 찬미하는 사람이다.

2. 찬양은 하나님이 거주하시는 집이다.

'계시다' 는 표현에는 '거주하다', '동거하다' 라는 뜻도 포함되어 있는데, 이는 같이 산다는 말이다. 이 말은 출애굽기 12장 40절에서 사용되었는데, "이스라엘 자손이 애굽에 거주한 지 사백삼십 년이라" 는 말씀 속에서 사용된 '거주하다' 는 말이 바로 본문에서 쓰인 '계시다' 라는 말이다.

이를 통해 알 수 있는 사실이 무엇인가? 하나님은 찬양이 있는 곳에, 찬양이 있는 사람에게 임재하셔서 쉼을 누리실 뿐 아니라, 아예 눌러 사신다는 말이다. 우리의 찬양이 하나님이 즐겨 거하시는 거처, 곧 하나님의 집인 '벧엘' 이 되는 것이다. 한번 생각해 보자. 우리 삶에 하나님의 집이 만들어지고 거기에 하나님이 오셔서 동거하신다. 얼마나 놀랍고 황홀한 일인가! 삶의 의미가 달라진다. 삶의 능력이 달라진다. 삶의 분위기가 달라진다. 하나님이 함께 계시는 집이기에 그렇다.

찬양을 부르자. 무료했던 일상에서 찬양을 부르자. 그러면 평범한 일들을 하나님의 집인 벧엘로 만들 수 있다. 식구들의 아침을 찬송으로 깨워 보자. 아침이 벧엘이 된다. 운전할 때, 근심 걱정이 생겨날 때도 찬양을 부르자. 그곳이 벧엘이 되는 놀라운 역사가 나타난다.

찬양은 하나님의 집이다. 주님은 찬양할 때마다 우리에게 오셔서 동거해 주실 것이며, 우리의 삶의 자리를 천국으로 만들어 주실 것이다. 찬양하는 사람이 되어 심령의 천국을 누리자. 또한 가정과 직장에서의 찬양을 통해 천국을 이루자.

3. 찬양은 하나님의 통치의 자리다.

'계시다'는 표현에는 '좌정하다', 곧 '보좌에 앉으셔서 통치하시다'는 의미 또한 포함되어 있다. 이 말은 시편 29편 10절에 나오는데, 여기에서 좌정하신다는 말이 곧 '계시다'는 뜻이다: "여호와께서 홍수 때에 좌정하셨음이여 여호와께서 영원하도록 왕으로 좌정하시도다."

무슨 말인가? 우리의 찬양이 하나님의 통치가 이루어지는 보좌라는 것이다. 이것은 다분히 찬양의 전략적인 측면이라고 할 수 있는데, 찬양은 단지 노래 한 곡을 멋있게 부르고 연주하는 것이 아니다. 찬양은 영적 전투에서 하나님의 통치의 보좌를 불러오는 전략적인 행동이기도 함을 알아야 한다.

우리 삶엔 영적인 전투가 많다. 힘든 전쟁과 같은 일들이 많다. 그래서 하나님의 보좌가 여기에 내려졌으면, 하나님의 통치가 여기에 임했으면 하고 바라는 삶의 현장이 많다. 그런데 그곳에 하나님의 보좌가 세워지고 그분의 강력한 다스림이 있게 하려면 어떻게 해야 하는가? 찬양해야 한다. 찬송을 불러야 한다. 찬미를 올려야 한다. 그러면 하나님은 그 찬양을 급한 봉화로 여기서서 천군천사들을 데리고 임재해 주실 것이다. 그곳에 승리의 사건이 일어날 것이다.

찬양하자. 문제가 있는 관계와 가정 앞에서, 어려움이 있고 실패가 있는 현장에서 찬양하자. 찬양이 있는 그곳에 하나님의 보좌가 내려올 것이다. 찬양이 퍼져 나가는 자리에 하나님의 통치가 나타날 것이고, 사람들과 세상이 그 놀라운 일을 보게 될 것이다.

우리의 찬양은 하나님의 쉼터다. 우리의 노래와 연주가 우리를 위해 일하시는 하나님의 땀을 닦고 기쁨을 누리시게 해 드리는 안식처가 되어야 한다. 우리의 찬양은 또한 하나님이 거주하시는 집이다. 우리의 모든 삶이 하나님의 집이 되도록 삶의 모든 곳에서 찬양해야 한다. 우리의 찬양은 또한 하나님의 통치의 자리다. 하나님의 다스림이 필요한 자리마다 찬양의 봉화를 올려야 한다. 그래서 우리의 찬양이 울려 퍼지는 곳마다 하나님의 충만한 다스림이 나타나게 해야 한다. 그리고 우리의 찬양이 있는 자리를 거룩한 장소로 변화시키는 역사를 감당하는 찬미자들이 되어야 한다.

1. 우리의 찬양을 통해 하나님이 통치해 주시기를 바라는 상황을 몇 가지만 적어 보자.

_____

_____

_____

2. 찬양집을 거실이나 가족들이 잘 모이는 자리에 두자.

3. 모든 가족들과 함께, 할 수 있는 대로 악기를 동원해서 찬양을 불러 보자.

밤낮으로 하나님을 찾아다니던 다윗이 마침내 하나님을 만난 후 고백한다.

"이스라엘의 찬송 중에 계시는 주여 주는 거룩하시니이다"

(3절).

하나님은 □□ 가운데 임재하신다는 것이다.

다윗이 발견한 찬양의 원리, 특별히 「□□□」라는 표현에 대해 깊이 생각해 보자. 이 표현은 히브리어로 '야솨브'(yashab)인데 이는 여러 가지 중요한 뜻을 담고 있다. 이 단어의 여러 가지 뜻을 상고할 때 우리는 더욱 능력 있는 찬미자들로 발전할 수 있다.

1. 찬양은 하나님의 □□다.

- '계시다' 는 표현에는 「□□」라는 뜻이 담겨 있다(룻 2:7). 하나님은 우리의 찬양을 안식처요, 쉼터로 삼으신다.

2. 찬양은 하나님이 거주하시는 ☐이다.

- '계시다' 는 표현에는 '☐☐하다', '☐☐하다' 라는 뜻도 포함되어 있다(출 12:40). 하나님은 찬양이 있는 곳에, 찬양이 있는 사람에게 임재하셔서 쉼을 누리실 뿐 아니라, 아예 눌러 사신다는 말이다. 우리의 찬양이 하나님이 즐겨 거하시는 거처, 곧 하나님의 집인 '벧엘' 이 되는 것이다.

3. 찬양은 하나님의 ☐☐의 자리다.

- '계시다' 는 표현에는 '☐☐하다', 곧 '보좌에 앉으셔서 ☐☐하시다' 는 의미 또한 포함되어 있다(시 29:10). 우리의 찬양이 하나님의 통치가 이루어지는 보좌라는 것이다.

우리의 찬양은 하나님의 쉼터다. 하나님이 거주하시는 집이다. 그리고 하나님의 통치의 자리다. 우리의 찬양이 울려 퍼지는 곳마다 하나님의 충만한 다스림이 나타나게 해야 한다. 그리고 우리의 찬양이 있는 자리를 거룩한 장소로 변화시키는 역사를 감당하는 찬미자들이 되어야 한다.

• 실천 사항 •

1. 우리의 찬양을 통해 하나님이 통치해 주시기를 바라는 상황을 몇 가지만 적어 보자.

_____

_____

_____

2. 찬양집을 거실이나 가족들이 잘 모이는 자리에 두자.

3. 모든 가족들과 함께, 할 수 있는 대로 악기를 동원해서 찬양을 불러 보자.

〈실천 보고서〉

* 제출자:_____ * 소속:_____구역

* 실천 사항
1. 주간 실천 항목(매일 실천하고 확인해야 하는 항목으로 O, X표 또는 숫자를 기입하라.)

실 천 항 목	본인 확인	지도자 확인
1. 오늘 새벽 기도회에는 참석하셨습니까?	예 / 아니오	
2. 오늘 하루 동안 성경 말씀을 읽었습니까?	( )장 / 아니오	
3. 오늘 하루 동안 기도를 드리셨습니까?	( )회 / 아니오	

2. 오늘의 집중 실천 항목(오늘 실천하고 확인해야 하는 항목으로, 실천했으면 해당 번호에 O표 또는 내용을 기입하라.)

   1. 우리의 찬양을 통해 하나님이 통치해 주시기를 바라는 상황을 몇 가지만 적어 보자.

   _____

   _____

   _____

   2. 찬양집을 거실이나 가족들이 잘 모이는 자리에 두자.
   3. 모든 가족들과 함께, 할 수 있는 대로 악기를 동원해서 찬양을 불러 보자.

3. 오늘의 다짐과 묵상 노트(오늘 개인적으로 깨닫고 다짐한 내용을 적어 보자.)

   _____

   _____

   _____

* 실천 보고서 평가

   _____

   _____

   _____

4

금식 훈련

성경: 마태복음 6:16~18

찬송: 458장(너희 마음에 슬픔이 가득할 때)

16금식할 때에 너희는 외식하는 자들과 같이 슬픈 기색을 보이지 말라 그들은 금식하는 것을 사람에게 보이려고 얼굴을 흉하게 하느니라 내가 진실로 너희에게 이르노니 그들은 자기 상을 이미 받았느니라 17너는 금식할 때에 머리에 기름을 바르고 얼굴을 씻으라 18이는 금식하는 자로 사람에게 보이지 않고 오직 은밀한 중에 계신 네 아버지께 보이게 하려 함이라 은밀한 중에 보시는 네 아버지께서 갚으시리라

❖ 인도자

성경에 보면 예수님뿐 아니라 많은 경건한 성도들이 금식한 기록
이 있고, 그 금식의 경우들마다 좋은 결과를 가져왔다. 물론 금식이
일반적인 신앙생활의 원리라고 할 수는 없다. 말씀 묵상이나 기도,
예배와 같이 거룩한 의무감과 부담을 가지고 늘 정기적으로 행해야
하는 것은 아니다. 그러나 충만한 영성을 구하는 성도라면 반드시 체
득해 놓아야 하는 유익한 훈련이다.

이것은 마치 **비상 상비약** 같은 것이다. 비타민이나 영양제처럼 늘
복용하는 것은 아니지만, 비상 상황이 발생하면 요긴하게 쓰는 것이
다. 만일 비상 상비약이 없다면 비상 상황을 만났을 때 우왕좌왕하게
되고, 상황은 더 나빠질 수 있다. 마찬가지로 금식은 신앙생활 중에
만나게 되는 비상적인 상황 또는 위기 상황에 언제라도 행할 수 있도
록 훈련되어 있어야 할 경건의 덕목이다. 그렇다면 금식 훈련의 원리
는 무엇일까?

1. 금식에는 유익한 금식과 무익한 금식이 있다.

금식이 하나님의 능력을 체험하게 되는 중요한 수단과 방편인 데
는 이유가 있다. 금식은 먼저, 인생의 모든 것을 하나님께 다 **맡겨** 버

리는 결사적인 행위이기 때문이다. 다른 것이 아니라, 음식마저 금하고 끊는다는 것은 생존을 위한 최소한의 조건마저도 하나님의 손에 다 내어드리는 최종적인 행동이기 때문이다. 인생이 가지는 모든 권리와 책임을 다 하나님께 이양하는 것이다. 이럴 때 하나님은 어떻게 하시는가? 베드로전서 5장 7절에 보면, "너희 염려를 다 주께 맡기라 이는 그가 너희를 돌보심이라." 우리의 염려를 다 주께 맡길 때 하나님이 돌보신다고 한다. 마치 엄마가 젖먹이 아이를 돌보듯이 말이다. 이러한 하나님의 권고 때문에 금식 기도가 우리에게 힘이 되는 것이다.

금식이 하나님의 능력을 이끌어 오는 중요한 방법이 되는 또 다른 이유는, 내 자아를 **약**하게 해서 하나님의 **능력**을 강하게 하기 때문이다. 고린도후서 12장 10절에서 바울의 고백을 들어 보자: "그러므로 내가 그리스도를 위하여 약한 것들과 능욕과 궁핍과 박해와 곤고를 기뻐하노니 이는 내가 약한 그 때에 강함이라." 이것은 금식의 원리로도 중요한 의미를 가진다. 우리의 자아가 힘을 잃는 만큼 하나님의 능력이 우리 안에 채워진다는 말이다. 이와 같은 원리 때문에 금식을 하면 하나님의 능력이 체험되는 것이다.

그러나 금식이 이토록 하나님의 능력을 가져오는 방법이라 할지라도 금식이 언제나 하나님 앞에서 기뻐하시는 것이 되지는 못했다. 무익한 금식도 있다는 것이다. 그 대표적인 것이 **외식**하는 것이다. 경건의 모양만을 위해 하는 금식을 말한다. 이는 자기가 거룩한 사람인 것을 드러내고, 자기 의를 세우기 위해 하는 금식으로, 유익한 금식의 원리와 완전히 배치되는 것이다. 유익한 금식에서는 자아를 부인한다. 그러나 외식하는 금식은 자아를 드러내려 한다. 자아를 부풀리고 자아를 크게 하는 것이다. 자기로 가득한 사람 안에 어떻게 하나님의 능력이 들어올 수 있는가. 외식은 하나님의 능력이 들어올 여지를 두지 않는 것이다.

2. 유익한 금식의 원리는 무엇인가?

성경에는 유익한 금식의 경우들이 소개되고 있다. 이를 다섯 가지로 요약해 보자.

1) 하나님의 능력을 구하기 위한 금식

마태복음 4장을 통해 우리는 예수님이 40일간 금식하셨다는 것을 안다. 공생애를 시작하기에 앞서 하나님의 능력을 구하며 광야로 나가신 것이다. 그 금식이 있은 후에 주리셨지만, 그때 어떤 결과가 생겼는가? 마침 찾아온 사탄의 시험을 넉넉히 이기셨다. 그래서 사탄이 물러갔다고 기록되어 있다. 사역이나 중요한 일을 앞두고 그 일을 하나님의 능력으로 하고자 금식 기도할 때 하나님은 기뻐하신다.

특히 이러한 금식에서 알게 되는 또 한 가지 사실은, 금식 중에 묵상한 말씀이 큰 힘이 된다는 것이다. 주님이 사탄을 물리칠 때 암송하며 적용하신 말씀이 다 신명기라는 사실을 알고 있는가? 혹자는 이를 보고 그때 주님이 신명기를 묵상하며 금식하신 것이라고 주장하기도 한다. 이처럼 사역과 중요한 일을 앞두고 하나님의 능력을 위해하는 금식은 유익한 금식이라고 할 수 있다.

2) 은밀한 중에 행하는 금식

18절은 "은밀한 중에" 행하는 금식에 대해 강조하고 있다. 여기에서 중요한 점은 은밀한 곳에 숨어서 한다는 데 있는 것이 아니라, 하나님 앞에서 한다는 점에 있다. 금식이란 궁극적으로 하나님과 담판을 짓는 것이다. 사람과의 관계에서 해결할 수 있는 문제라면 밥 잘 먹고 힘내서 해결하면 된다. 그러나 그렇지 못할 때는 하나님과 담판을 지으러 나와야 한다. 그리고 음식까지 마다하면서 떼를 써야 한다. 이것이 바로 은밀한 중에 행하는 기도의 핵심이다. 하나님은 이러한 금식 기도를 기뻐하신다.

3) 회개가 동반된 금식

사무엘하 12장에는 다윗이 우리야의 아내 밧세바를 범한 후 나단 선지자의 책망 앞에서 금식하며 밤새도록 땅에 엎드려 기도하는 장면이 나온다. 그때 다윗은 원로들이 그를 일으켜 세워 음식을 먹도록 권했지만 듣지 않았다. 그 금식 기도를 마친 다윗에게 하나님이 찾아오신다. 그리고 '그를 사랑하셨다'고 말씀하시는 것을 보게 된다(24절).

이와 같이 하나님이 기뻐하시는 금식은 철저한 회개를 통해 우리의 육의 문제를 해결하는 것이다. 육에 매이고, 육에 의해서 통제되던 우리의 삶을 청산하는 것이다. 그렇게 할 때 육은 힘을 잃고 우리의 영은 더욱 힘을 얻게 된다. 이것이 유익한 금식이다.

4) 중보기도를 위한 금식

이 금식 기도는 에스더 4장에 나타나는데, 당시 바사국의 식민지로 있던 이스라엘 민족이 바사의 총리 하만의 궤계로 멸절될 위기에 놓이자 왕후 에스더가 실행한 기도다. 에스더가 "죽으면 죽으리이다"라는 각오로 금식에 임했을 때 하나님이 아하수에로 왕의 마음을 움직여 이스라엘을 강성하게 하셨다. 이처럼 하나님은 타인을 위한 금식 기도를 기쁘게 보신다.

5) 선행과 함께하는 금식

이사야 58장 6~7절에 보면 하나님이 친히 당신이 기뻐하시는 금식을 어떻게 해야 하는지에 대해 말씀하신다. 거기에 보면 온갖 종류의 선이 소개된다: "내가 기뻐하는 금식은 흉악의 결박을 풀어 주며 멍에의 줄을 끌러 주며 압제 당하는 자를 자유하게 하며 모든 멍에를 꺾는 것이 아니겠느냐 또 주린 자에게 네 양식을 나누어 주며 유리하는 빈민을 집에 들이며 헐벗은 자를 보면 입히며 또 네 골육을 피하여 스스로 숨지 아니하는 것이 아니겠느냐."

이것은 무엇을 말하는가? 금식이라 해서 집이나 기도원에 칩거하여 성경 묵상하고 기도만 하는 것이 아니라는 것이다. 적극적인 선행이 금식 기도 중에 함께 이루어질 때 기도의 응답이 급속하게, 또한 영광스럽게 이루어진다는 것이다. 8~9절이 그렇게 약속하고 있다: "그리하면 네 빛이 새벽 같이 비칠 것이며 네 치유가 급속할 것이며 네 공의가 네 앞에 행하고 여호와의 영광이 네 뒤에 호위하리니 네가 부를 때에는 나 여호와가 응답하겠고 네가 부르짖을 때에는 내가 여기 있다 하리라." 이것이 바로 선을 행하며 하는 금식 기도다. 그리고 이것이 하나님이 기뻐하시는 금식 기도다.

3. 금식을 실행하는 방법을 알아야 한다.

금식이 성경에서 말하는 경건의 한 덕목임에도 불구하고 현대 그리스도인들은 금식의 방법을 잘 모른다. 금식을 잘 하지도 않지만, 금식을 한다 해도 그저 정한 시간이 되면 음식을 일체 끊고 말씀 묵상과 기도만 하면 되는 게 아닌가 생각한다. 비상 상비약이 있어도 복용하고 사용하는 법을 알아야 쓸 수 있듯이, 금식이 무엇인지를 알았으면 금식을 어떻게 실행하고 실천할 수 있는지도 알아야 한다.

그렇다면 어떻게 금식을 실행할 수 있을까? 영적인 부분은 이미 상고했으니 실제적인 면에서만 생각해 보자. 한 끼의 금식이라면 모르지만, 하루 이상의 금식일 경우에는 금식 기간 전후로 주의해야 할 일들이 있다. 금식 기간만큼의 준비와 금식 후 조리가 필요하다. 예를 들어, 하루의 금식을 하게 되면 그 전날 하루 동안의 준비가 필요하고, 마친 다음 날 하루 동안의 조리가 필요하다. 다시 말해서, 하루 동안 금식을 하려면 실제로 3일이 금식과 관련되는 것이다. 만일 3일 동안 금식을 한다면? 3일간의 준비와 3일간의 조리가 더 필요하므로 9일이 금식과 관련되는 것이다.

그렇다면 준비는 어떻게 해야 하는가? 우선은 금식 기간만큼 준비 기간을 잡아 식사량을 점점 줄이는 일이 필요하다. 그리고 마지막 식사는 과일이나 채식으로 해야 금식 기간 중의 변비나 속앓이 같은 신진대사의 어려움을 최소화할 수 있다.

조리는 어떻게 해야 하는가? 이 또한 금식했던 기간만큼 해야 하는데, 이때는 준비 기간과 반대로 식사량을 조금씩 늘려 가는 일이 필요하다. 식사 내용도 중요한데, 처음부터 지방이나 전분 음식은 피하고 죽이나 채식으로 시작하는 것이 필요하다. 이렇게 해야 소화기관에 무리가 가지 않는다.

금식은 신앙의 비상 상비약과 같다고 했다. 신앙의 위기 상황을 맞을 때, 신앙에 비상사태가 왔을 때 요긴하게 활용할 수 있도록 이 원리들을 잘 체득하고 구비해 놓아야 한다.

• 실천 사항 •

1. 금식 기도의 원리에 따라 하루 중 한 끼를 금식해 보자. 특히 회개와 중보를 위한 금식 기도를 실천해 보자.

2. 앞으로 어떠한 상황에서 금식 기도를 실천할 것인지 적어 보자.

   _____

   _____

   _____

3. 가족들과 함께 금식함으로 남게 된 금액을 선교헌금이나 구제헌금으로 드려 선을 베푸는 데 사용해 보자.

❖ 참가자

성경에 보면 예수님뿐 아니라 많은 경건한 성도들이 금식한 기록이 있고, 그 금식의 경우들마다 좋은 결과를 가져왔다. 물론 금식이 일반적인 신앙생활의 원리라고 할 수는 없다. 그러나 충만한 영성을 구하는 성도라면 반드시 체득해 놓아야 하는 유익한 훈련이다. 이것은 마치 □□ □□ □ 같은 것이다. 그 원리에 대해 상고해 보자.

1. 금식에는 □□한 금식과 □□한 금식이 있다.
- 금식이 하나님의 능력을 체험하게 되는 중요한 수단과 방편인데는 이유가 있다. 금식은 먼저, 인생의 모든 것을 하나님께 다 □□ 버리는 결사적인 행위이기 때문이다. 또한 내 자아를 □하게 해서 하나님의 □□을 강하게 하기 때문이다.
- 무익한 금식도 있다. 그 대표적인 것이 □□하는 것이다.

2. 유익한 금식의 원리는 무엇인가?
1) 하나님의 □□을 구하기 위한 금식
2) □□한 중에 행하는 금식
3) □□가 동반된 금식

4) ☐☐기도를 위한 금식

5) ☐☐과 함께하는 금식

3. 금식을 실행하는 방법을 알아야 한다.

- 금식 기간만큼의 ☐☐와 금식 후 ☐☐가 필요하다.

금식은 신앙의 비상 상비약과 같다. 신앙의 위기 상황을 맞을 때, 신앙에 비상사태가 왔을 때 요긴하게 활용할 수 있도록 이 원리들을 잘 체득하고 구비해 놓아야 한다.

· 실천 사항 ·

1. 금식 기도의 원리에 따라 하루 중 한 끼를 금식해 보자. 특히 회개와 중보를 위한 금식 기도를 실천해 보자.

2. 앞으로 어떠한 상황에서 금식 기도를 실천할 것인지 적어 보자.

——————————————————————————

——————————————————————————

——————————————————————————

3. 가족들과 함께 금식함으로 남게 된 금액을 선교헌금이나 구제 헌금으로 드려 선을 베푸는 데 사용해 보자.

〈실천 보고서〉

* 제출자:_____ * 소속:_____구역

* 실천 사항
1. 주간 실천 항목(매일 실천하고 확인해야 하는 항목으로 O, X표 또는 숫자를 기입하라.)

실 천 항 목	본인 확인	지도자 확인
1. 오늘 새벽 기도회에는 참석하셨습니까?	예 / 아니오	
2. 오늘 하루 동안 성경 말씀을 읽었습니까?	( )장 / 아니오	
3. 오늘 하루 동안 기도를 드리셨습니까?	( )회 / 아니오	

2. 오늘의 집중 실천 항목(오늘 실천하고 확인해야 하는 항목으로, 실천했으면 해당 번호에 O표 또는 내용을 기입하라.)

   1. 금식 기도의 원리에 따라 하루 중 한 끼를 금식해 보자. 특히 회개와 중보를 위한 금식 기도를 실천해 보자.
   2. 앞으로 어떤 상황에서 금식 기도를 실천할 것인지 적어 보자.
   _____
   _____
   _____

   3. 가족들과 함께 금식함으로 남게 된 금액을 선교헌금이나 구제헌금으로 드려 선을 베푸는 데 사용해 보자.

3. 오늘의 다짐과 묵상 노트(오늘 개인적으로 깨닫고 다짐한 내용을 적어 보자.)
   _____
   _____
   _____

* 실천 보고서 평가
   _____
   _____
   _____

5

용서 훈련

성경: 창세기 50:15~21

찬송: 286장(주 예수님 내 맘에 오사)

15요셉의 형제들이 그들의 아버지가 죽었음을 보고 말하되 요셉이 혹시 우리를 미워하여 우리가 그에게 행한 모든 악을 다 갚지나 아니할까 하고 16요셉에게 말을 전하여 이르되 당신의 아버지가 돌아가시기 전에 명령하여 이르시기를 17너희는 이같이 요셉에게 이르라 네 형들이 네게 악을 행하였을지라도 이제 바라건대 그들의 허물과 죄를 용서하라 하셨나니 당신 아버지의 하나님의 종들인 우리 죄를 이제 용서하소서 하매 요셉이 그들이 그에게 하는 말을 들을 때에 울었더라 18그의 형들이 또 친히 와서 요셉의 앞에 엎드려 이르되 우리는 당신의 종들이니이다 19요셉이 그들에게 이르되 두려워하지 마소서 내가 하나님을 대신하리이까 20당신들은 나를 해하려 하였으나 하나님은 그것을 선으로 바꾸사 오늘과 같이 많은 백성의 생명을 구원하게 하시려 하셨나니 21당신들은 두려워하지 마소서 내가 당신들과 당신들의 자녀를 기르리이다 하고 그들을 간곡한 말로 위로하였더라 우리는 예수 그리스도의 분량까지 우리의 영성이 풍성해지기를 바란다. 그런데 영성의 회복과 충만을 위한 중요한 전제 조건이 하나 있다. 지금껏 훈련해 온 것처럼 말씀 묵상을 통해 하나님을 알게 되고, 기도함으로 그분께 더 가까이 나아가며, 찬양함으로 하나님과 동행하는 것도 중요하지만, 이것은 오히려 말씀, 기도, 찬양과 같은 은혜의 방편들이 더욱 잘 역사하도록 한다는 점에서 더 중요하다고 해도 과언이 아니다. 그것이 무엇인가? 바로 용서다. 여기에서 말하는 용서는 하나님이 주체가 되어 우리의 죄를 사해 주시는 것을 의미하는 게 아니라, 우리가 주체가 되어 상대를 용서하는 것을 말한다. 이러한 용서함이 없이는 결코 우리의 심령을 성령의 은혜와 능력으로 가득 채울 수 없다.

그릇 속에 오염 물질이 남아 있으면 어떤가? 물을 부어도 그만큼 들어가지 못한다. 그뿐 아니라 오염 물질이 물에 번져 버릴 수밖에 없다. 마찬가지로 우리 심령에 용서하지 못한 증오와 상처받은 마음, 독한 복수심 등이 자리 잡고 있다면 그만큼 성령의 은혜와 능력이 부어질 수 없으며, 부어져도 곧 그것들에 의해 오염되고 마는 것이다. 그래서 진정한 영성의 회복과 충만을 구한다면 용서라는 전제조건을 잘 갖추어야 한다.

당신은 심령 안에 무엇을 가지고 살고 싶은가? 상처받은 마음, 들끓는 증오심, 독한 복수심과 같은 것들을 가지고 살고 싶은가, 아니면 충만하고 심오한 영성을 가지고 살고 싶은가? 이러한 맥락에서 용서가 무엇이며 어떻게 해야 하는지에 대해 상고하고 실천해 보자.

1. 용서는 우리의 재판권을 하나님께 드리는 것이다.

용서를 어렵게 만드는 오해가 있다. 용서에 대해 상대방이 저지른 행동을 억지로 옳다고 인정하는 것으로 생각하는 경향이 그것이다. 그래서 용서가 더욱 어려워진다. 분명 상대방이 잘못했다고 사료되는데, 용서를 하면 결국 그 사람이 옳았고 잘했다는 것을 인정하는 것이 아닌가 생각하는 것이다. 만일 이게 성경적 용서라면 어느 누구도 용서를 잘할 수 없을 것이다.

이것은 분명 성경을 잘 몰라서 생겨나는 오해다. 진정한 성경적 용서란 우리의 재판권을 하나님께 넘겨 드리는 것이다. 상대방을 취조하고 판결할 권리를 하나님께 넘겨 드리는 것이다: "내가 재판하지 않겠으니 주님이 하세요."

요셉을 보라. 자기를 버렸던 형들 앞에서 "내가 하나님을 대신하리이까"라고 말한다(19절). 무슨 말인가? "나는 재판할 수 없습니다. 오직 하나님만이 공의로우신 재판장이십니다. 주님만이 누가 얼마만큼 잘못했으며, 어떠한 대가를 받아야 하고 어떻게 회개해야 할지 알고 계십니다. 그러니 하나님이 판단해 주십시오"라고 말하는 것이다.

우리는 하나님처럼 지혜롭거나 의롭지 못하다. 그래서 상대방이 저지른 행동에 대해 우리 스스로 재판하려다 보면 자칫 잘못해서 그것으로 범죄할 수도 있다. 어떤 범죄인가? 상대방이 저지른 일의 정도와 분량을 잘못 판단해서 과도하게 복수하여 오히려 죄를 지을 수 있다. 재판하려다 죄를 더하는 꼴이 될 수도 있다는 것이다. 이 얼마나 큰 손해인가. 상대방에게 받은 상처에 범죄까지 하게 된다면 이중(二重)의 손해다. 이런 점에서, 용서를 통해 하나님에게 재판권을 넘겨 드리면 우리는 범죄하지 않게 되며, 오히려 하나님의 용서하라는 계명에 순종하게 되고, 하나님은 잘못을 저지른 그에게 마땅한 보응을 하시거나 그로 하여금 회개하게 하시는 것이다.

어설프고 알량하게 재판하려 하지 말라. 풍성한 영성은커녕 죄 된 계획과 도모만이 우리 마음에 가득해질 수 있다. 하나님에게 재판권을 넘겨 드리고 그 보응을 주님이 하시도록 하는 지혜와 용기가 필요하다.

2. 과거의 아픔을 잊어버리는 것이 용서는 아니다.

때때로 용서했다고 생각하는데도 계속 이런저런 상황에서 상대방이나 사건과 관계된 아픈 감정들이 떠오를 때가 있다. 분명 의지적으로 결심했는데도 어떤 경우 우리의 감정은 여전히 상대방에 대한 미움이 씻기지 않은 채일 수 있다는 것이다. 그럴 때면 '에이, 용서는 소용도 없어', '용서해도 안 되네' 하고 생각하게 된다.

한번 생각해 보자. 우리의 감정이란 어떤가? 감정이 우리의 의지를 뒤따르지 못하고 다른 표현을 할 때가 얼마나 많은가? 의지는 그게 아닌데 감정이 불쑥 다른 모습으로 튀어나올 때가 있지 않은가?

그럴 때면 어떻게 해야 하는가? 성숙한 사람이라면 분명 감정이 아닌 의지대로 밀고 나갈 것이다. 용서도 마찬가지다. 나의 감정과 상관없이 의지를 따라 바른 선택을 해야 한다. 용서하기로 결정하고 또 용서해야 한다. 이것은 결코 위선적인 행동이 아니다. 자기를 부인하고 십자가를 지는 바른 행동이다.

성경은 우리에게 용서한 후 반드시 잊어버리라고 말하지 않는다. 또 용서하면 반드시 잊어버리게 된다고도 말하지 않는다. 요셉은 한 번도 형들 앞에서 "다 잊어버렸다"고 말하지 않았다. 오히려 '울었다' (17절). 감정이 다시 그 일을 떠올리게 했던 것이다. 그러나 요셉은 결국 무엇을 선택했는가? 마음을 가다듬고 의지를 따라 용서를 선언한다. 우리에게는 용서를 선택하고 또 선택하는 일이 필요하다.

이것은 예수님도 가르쳐 주신 원칙이다. 베드로가 물었다: "주여 형제가 내게 죄를 범하면 몇 번이나 용서하여 주리이까 일곱 번까지 하오리이까" (마 18:21). 그러자 주님이 무어라 하셨는가? "일곱 번뿐 아니라 일곱 번을 일흔 번까지라도 할지니라" (마 18:22). 예수님은 "용서는 한 일곱 번쯤 하면 그 아픈 기억이 다 잊힐 것이다"라고 말씀하지 않으셨다. "용서하고, 또 용서해 주라"고 말씀하셨다. 용서는 우리의 인생에서 계속되어야 할 거룩한 관습인 것을 말씀하신 것이다.

기억하라. 잊어버리는 것이 용서의 완성이 아니다. 아픈 기억과 감정이 다시 생겨났다고 해서 용서에 실패하고 있는 것은 아니다. 성경은 '용서를 **습관화**하라'고 말한다. 사탄은 우리의 심령이 하나님의 은혜로 충만하기를 원치 않는다. 우리 심령을 호시탐탐 노리며 오염시키려 한다. 그래서 거듭해서 아픈 기억이 떠오르게 하고, 상한 감정이 나타나게 한다. 그럴 때마다 어떻게 해야 하는가? 용서의 계명에 순종해서 용서로 덮고, 또 용서로 덮어야 할 것이다.

3. 용서는 직설적인 화법으로 하는 것이다.

하나님 앞에서 사람들을 용서할 때 주의해야 할 점이 있다. 온전한 용서의 효과를 위해서는 직접적이고 직설적인 표현을 사용해야한다는 것이다. "용서하고 싶습니다"라는 말은 용서에 대한 기원과 소원일 뿐, 용서의 구체적 행위는 아니다. 단지 '용서를 심각하게 고려하고 있는 중입니다'라는 뜻이다. "용서하게 하옵소서"라는 것도 용서하도록 도와달라는 간청일 뿐, 엄밀한 의미의 용서는 아니다.

용서는 직설적인 화법으로 표현되어야 한다. 기도 가운데 "하나님, 이 시간 ○○○을(를) 용서합니다"라고 직접적인 화법으로 표현해야 한다는 것이다. 이렇게 할 때 성경이 말하는 용서의 계명을 바르게 실천하는 것이다.

용서하는 기도의 예를 들면 다음과 같다.

> "하나님, 주님 앞에서 용서를 선택합니다. 감정이 아니라 의지로 용서의 계명에 순종합니다. ○○○을(를) 이제 용서합니다. 그리고 그가 행한 일들을 용서합니다. 또한 이제 이 모든 재판권을 하나님께 옮겨 드립니다. 주님의 공평과 의로 판단해 주십시오. 또한 주님의 뜻이라면 주 앞에서 이 일로 인해 그도 회개하게 하셔서 주님을 알게 되는 은혜가 있게 해 주십시오. 미움과 증오와 복수심이 떠난 정결한 마음으로 주님을 온전히 바

라보게 하시고, 주님의 형상을 닮아 가게 해 주십시오."

용서는 우리 마음의 그릇에 있는 오염을 쏟아 내는 과정이다. 이를 잘 감당할 때 우리의 심령은 하나님의 더 많은 은혜와 능력으로, 더 순전한 은혜와 능력으로 채워질 것이다. 예수님을 닮은 영성을 가득 채우는 그릇이 될 수 있을 것이다.

• 실천 사항 •

1. 용서해야 할 사람들의 이름을 떠올리며 용서하는 기도를 해 보자(상대방의 이름을 기록할 필요는 없다).
2. 최근 가족 중에서 당신 마음에 상처를 준 사람이 있다면 다시 한 번 용서의 기도를 하고 오늘 중으로 사랑의 표현을 해 보자.
3. 용서를 통해 비워진 마음의 그릇에 담기를 원하는 성령의 열매를 세 가지만 기록해 보자(사랑, 희락, 화평, 오래 참음, 자비, 양선, 충성, 온유, 절제).

————————————————————————
————————————————————————
————————————————————————

영성의 회복과 충만을 위한 중요한 전제 조건이 하나 있다. 바로 ☐☐다. 여기에서 말하는 ☐☐는 하나님이 주체가 되어 우리의 죄를 사해 주시는 것을 의미하는 게 아니라, 우리가 주체가 되어 상대를 ☐☐하는 것을 말한다. 이러한 ☐☐함이 없이는 결코 우리의 심령을 성령의 은혜와 능력으로 가득 채울 수 없다. 이러한 맥락에서 용서가 무엇이며 어떻게 해야 하는지에 대해 상고하고 실천해 보자.

1. 용서는 우리의 ☐☐☐을 하나님께 드리는 것이다.

- 용서는 상대방이 저지른 행동을 억지로 ☐☐고 ☐☐하는 것이 아니다.

- 진정한 성경적 용서란 우리의 재판권을 하나님께 넘겨 드리는 것이다.

2. 과거의 아픔을 ☐☐☐☐☐ 것이 용서는 아니다.

- 성경은 우리에게 용서한 후 반드시 잊어버리라고 말하지 않는다. 또 용서하면 반드시 잊어버리게 된다고도 말하지 않는다.

- 잊어버리는 것이 용서의 완성이 아니다. 성경은 '용서를 ☐☐☐

하라' 고 말한다.

3. 용서는 □□□인 화법으로 하는 것이다.

- 온전한 용서의 효과를 위해서는 직접적이고 직설적인 표현을 사용해야 한다. 기도 가운데 "하나님, 이 시간 ○○○을(를) □□□ □□"라고 직접적인 화법으로 표현해야 한다.

용서는 우리 마음의 그릇에 있는 오염을 쏟아 내는 과정이다. 이를 잘 감당할 때 우리의 심령은 하나님의 더 많은 은혜와 능력으로, 더 순전한 은혜와 능력으로 채워질 것이다. 예수님을 닮은 영성을 가득 채우는 그릇이 될 수 있을 것이다.

· 실천 사항 ·

1. 용서해야 할 사람들의 이름을 떠올리며 용서하는 기도를 해 보자(상대방의 이름을 기록할 필요는 없다).
2. 최근 가족 중에서 당신 마음에 상처를 준 사람이 있다면 다시 한 번 용서의 기도를 하고 오늘 중으로 사랑의 표현을 해 보자.
3. 용서를 통해 비워진 마음의 그릇에 담기를 원하는 성령의 열매를 세 가지만 기록해 보자(사랑, 희락, 화평, 오래 참음, 자비, 양선, 충성, 온유, 절제).

_____

_____

_____

〈실천 보고서〉

* 제출자:_____ * 소속:_____구역

* 실천 사항

1. 주간 실천 항목(매일 실천하고 확인해야 하는 항목으로 O, X표 또는 숫자를 기입하라.)

실 천 항 목	본인 확인	지도자 확인
1. 오늘 새벽 기도회에는 참석하셨습니까?	예 / 아니오	
2. 오늘 하루 동안 성경 말씀을 읽었습니까?	( )장 / 아니오	
3. 오늘 하루 동안 기도를 드리셨습니까?	( )회 / 아니오	

2. 오늘의 집중 실천 항목(오늘 실천하고 확인해야 하는 항목으로, 실천했으면 해당 번호에 O표 또는 내용을 기입하라.)

   1. 용서해야 할 사람들의 이름을 떠올리며 용서하는 기도를 해 보자(상대방의 이름을 기록할 필요는 없다).

   2. 최근 가족 중에서 당신 마음에 상처를 준 사람이 있다면 다시 한 번 용서의 기도를 하고 오늘 중으로 사랑의 표현을 해 보자.

   3. 용서를 통해 비워진 마음의 그릇에 담기를 원하는 성령의 열매를 세 가지만 기록해 보자(사랑, 희락, 화평, 오래 참음, 자비, 양선, 충성, 온유, 절제).

_____

_____

_____

3. 오늘의 다짐과 묵상 노트(오늘 개인적으로 깨닫고 다짐한 내용을 적어 보자.)

_____

_____

_____

* 실천 보고서 평가

_____

_____

_____

6

비전 훈련

성경: 창세기 13:10~18

찬송: 379장(내 갈 길 멀고 밤은 깊은데)

10이에 롯이 눈을 들어 요단 지역을 바라본즉 소알까지 온 땅에 물이 넉넉하니 여호와께서 소돔과 고모라를 멸하시기 전이었으므로 여호와의 동산 같고 애굽 땅과 같았더라 11그러므로 롯이 요단 온 지역을 택하고 동으로 옮기니 그들이 서로 떠난지라 12아브람은 가나안 땅에 거주하였고 롯은 그 지역의 도시들에 머무르며 그 장막을 옮겨 소돔까지 이르렀더라 13소돔 사람은 여호와 앞에 악하며 큰 죄인이었더라 14롯이 아브람을 떠난 후에 여호와께서 아브람에게 이르시되 너는 눈을 들어 너 있는 곳에서 북쪽과 남쪽 그리고 동쪽과 서쪽을 바라보라 15보이는 땅을 내가 너와 네 자손에게 주리니 영원히 이르리라 16내가 네 자손이 땅의 티끌 같게 하리니 사람이 땅의 티끌을 능히 셀 수 있을진대 네 자손도 세리라 17너는 일어나 그 땅을 종과 횡으로 두루 다녀 보라 내가 그것을 네게 주리라 18이에 아브람이 장막을 옮겨 헤브론에 있는 마므레 상수리 수풀에 이르러 거주하며 거기서 여호와를 위하여 제단을 쌓았더라

본문은 가나안의 기근을 피해 애굽으로 내려갔던 아브라함과 그 식솔들이 다시 가나안으로 귀향하던 길에서 두 부류로 나누어지게 되는 상황이다. 아브라함을 따라다니던 조카 롯의 소유가 너무 불어나서 이제 서로 동거할 수 없어 분가하기로 한 것이다. 그런데 두 사람이 서로의 길을 선택하고 있는 장면을 보라. 거기에는 유사한 구조가 나타난다. 둘 다 그 나아갈 길을 정할 때 '눈을 들어 바라본' 것이다. 10절에서는 롯이, 14절에서는 아브라함이 눈을 들어 보았다고 성경은 말하고 있다. 성경은 이 부분을 중요하게 보고 있는 것이다. 그런데 둘 다 눈을 들어 보았지만, 두 사람은 서로 다른 걸 보았다. 그리고 결국 다른 길로 나아갔다. 그 결과 한쪽은 멸망하는 자리로, 한쪽은 하나님의 놀라운 기업의 자리로 나아갔다.

그리스도인은 무엇을 보고 앞으로 나아가야 하는가? 이름 하여 비전 훈련, 곧 '**바라봄**의 훈련'을 통해 무엇을 어떻게 보고 앞으로 나아가야 승리할 수 있는지를 묵상하며 신앙의 원리로 삼도록 하자.

1. 인생은 무엇을 보느냐에 따라 **결정**된다.

심리학자들은 우리 인생 모두가 다 나름의 이상적인 삶에 대한 **그**

림을 마음속에 각인하고 있다고 한다. '나는 이러한 삶을 살아야지' 하는 이상적인 인생 그림을 갖고 있다는 것이다. 그 그림을 모든 선택과 결정의 **기준**으로 삼아 **참고**하는 것이다. 이런 과정은 지금까지 우리 안에서 알게 모르게 되어져 왔다. 결혼을 예로 들어 보자. 결혼을 앞둔 신랑과 신부는 과연 이 사람이 자신의 배필이 맞는지에 대해 수없이 고민한다. 내가 가진 이상적인 부부의 그림에 맞는지를 참고하는 것이나. 어떤 비전을 가시느냐에 따라 한 사람의 선택이 결정되고, 나아가 습관이 결정되며, 더 나아가 그의 인생이 결정된다.

그렇다면 인생 그림은 어떻게 만들어지는가? 그것은 이제껏 살아오면서 우리가 보아 왔던 것들에 의해 만들어진다고 한다. 무엇을 많이 보았는지, 어떤 사람의 삶을 보았는지, 또한 어떤 장면에 도전을 받았으며 어떤 사건 현장에서 충격을 받았는지에 따라 인생 그림이 만들어진다는 것이다. 그렇다면 우리는 인생을 살아가면서 무엇에 시선을 주어야 하는가? 마음의 눈을 어디에 집중할 것인가 하는 것은 참으로 중요한 문제가 아닐 수 없다. 아브라함과 롯도 그러한 문제에 빠져 있었다. 그들의 삶을 살펴보자.

2. 롯의 비전은 **세속적인** 그리스도인을 대표한다.

롯의 선택을 보자. 그의 선택을 통해 우리는 그의 마음속에 있는 이상적인 인생 그림이 무엇인지 알게 된다: "이에 롯이 눈을 들어 요단 지역을 바라본즉 소알까지 온 땅에 물이 넉넉하니 여호와께서 소돔과 고모라를 멸하시기 전이었으므로 여호와의 동산 같고 애굽 땅과 같았더라"(10절). 롯은 자신의 시선을 요단 지역에 고정시켰다. 그

때 그 땅을 평가하는 기준이 무엇인가? "여호와의 동산 같고 애굽 땅과 같았더라." 여기에 중요한 의미가 있다. 선택의 과정에서 롯이 기준으로 삼았던 그림은 '여호와의 동산'과 **'애굽 땅'**이다. 여호와의 동산이라면 에덴동산을 말하는데, 그것은 우리 그리스도인들이 바라보고 꿈꾸고 회복해 가야 할 아름다운 이상이다. 그런데 그것만이 아니다. 롯에게는 '애굽 땅의 환상'이 함께 있었다. 그의 비전에는 경건한 이상과 세속적 이상이 혼재해 있었던 것이다.

어떻게 이런 일이 생겨났는가? 그것은 롯의 과거 행적을 거슬러 올라가 보면 알게 된다. 아브라함과 롯은 애굽에서 올라왔다. 이 말은, 애굽에서 본 것들이 지금 롯의 마음속에서 중요한 비전으로 자리 잡게 되었다는 것이다. 애굽에서 본 사람들, 애굽에서 본 도시 문명, 애굽에서 보았던 화려한 문화들이 그의 인생 그림 속에 들어온 것이다. 잘못된 애굽의 체험이 롯의 비전을 이렇게 변질시켜 놓은 것이다.

이것은 우리에게 중요한 교훈을 준다. 21세기를 살아가고 있는 우리는 롯보다 더 위험한 지경에 와 있다. 실로 우리는 영상 문화의 폭격에 노출되어 있다. 각종 스크린을 통해 애굽보다 더 화려하고 도전적인 영상들을 보고 있다. 우리도 롯과 같은 선택을 하지 말라는 법이 없다는 것이다. 이것은 영성 있는 삶을 살고자 하는 우리에게 있어 너무도 중요한 문제다.

시편 23편을 영상 매체에 중독되어 있는 현대인의 모습으로 패러디한 글이 있다.

"텔레비전은 나의 목자시니 내가 부족함이 없으리로다. 그가 나를 안락한 소파에 누이시며 놀 만한 자리로 인도하시는도다.
내 영혼을 몽롱하게 하시고 시청률을 위하여 바보의 길로 인도
하시는도다. 내가 폭력과 음란의 골짜기로 다닐지라도 두려워
하지 않을 것은 그가 나를 재미있게 하심이라. 그의 탤런트와
댄스가수가 나를 안위하시나이다. 텔레비전께서 내 현실의 목
전에서 나를 도피시키시고 야릇한 드라마로 내 머리를 채우셨
으니 내 기쁨이 넘치나이다. 나의 평생에 쇼와 코미디기 니를
따르리니 내가 텔레비전 앞에 영원히 거하리로다."

이 내용은 다소 과장되었지만 현대인들의 단면을 고발하고 있다.
우리는 요즘 너무도 많은 영상 매체들 앞에 서 있다. TV만이 아니다.
인터넷, VCD, DVD. 무슨 말의 약자인지도 모르는 기계들이 우리를
유혹한다. 또한 그것들은 우리의 삶의 자리 어느 곳이든 파고들고 있
다. 집과 극장뿐 아니라 이제는 차 안에서도, 또 휴대폰을 통해서도
이 시대의 영상들은 집요하게 우리를 찾아오고 있다. 선정적인 잡지
와 신문들은 또 어떤가? 대중교통을 이용하기 위해 서 있는 자리마다
우리의 손만 뻗으면 닿을 곳에 즐비하게 진열되어 있다. 이와 같은
시대에 비전의 훈련, 바라봄의 훈련을 하지 않으면 우리 역시도 그
영상물의 폭격 앞에서 무너져 내릴 수밖에 없다.

이것이 어떠한 결과를 가져오는가? 롯의 결과를 보면 알 수 있다:
"롯은 그 지역의 도시들에 머무르며 그 장막을 옮겨 소돔까지 이르
렀더라"(12절). 롯은 결국 멸망하는 땅으로 나아갔다. 하나님의 기업
과 유업이 없는 땅으로 나아간 것이다. 하나님이 그를 긍휼히 여기셔

서 건지시지 않았다면, 그는 거기서 멸망했을 것이다.

우리는 비전 훈련을 통해 보지 말아야 할 것에 대해서는 과감히 전원을 차단하고 스위치를 내리며 채널을 돌려 피하는 경건의 능력을 길러야 한다. 그것이 우리의 비전 안에 틈타 들어오지 못하도록 말이다.

3. 아브라함의 비전은 **경건한** 그리스도인을 대표한다.

이제 아브라함을 살펴보자. 아브라함은 어떻게 눈을 들어 바라보는가? "롯이 아브람을 떠난 후에 여호와께서 아브람에게 이르시되 너는 눈을 들어 너 있는 곳에서 북쪽과 남쪽 그리고 동쪽과 서쪽을 바라보라"(14절). 눈을 들어 바라본 것은 롯과 다르지 않다. 그런데 중요한 차이점이 있다. 롯은 세속적인 비전으로 보았지만, 아브라함은 하나님이 말씀하실 때 눈을 들고 바라보았다. 아브라함은 그의 앞을 바라보면서 애굽 땅 같은 곳을 찾지 않았다. 오직 하나님이 말씀하신 곳을 바라보았다. 그의 비전은 **말씀**에서 비롯된 비전이었다.

우리도 아브라함과 같아야 한다. 말씀으로 우리의 비전을 채울 수 있도록 말씀의 영광 앞에 서야 한다. 말씀에 기록되어 있는 승리하는 삶의 모습들로 우리의 마음을 각인시켜야 한다. 그런데 말씀 속에서 본 것으로 비전을 삼고 나아가는 삶은 결코 쉽지 않다. '말씀의 비전이 중요한 건 알겠는데, 그대로 했다가 손해 보면 어쩌지? 이렇게 살면 세상 사람들보다 뒤처질 게 뻔한데, 그들이 남긴 부스러기나 주워야 하는 게 아닐까? 아브라함도 롯에게 좋은 땅 다 빼앗겼잖아' 하는 생각에 불안해진다. 그런데 정말 그런가? 아브라함의 결과가 어땠는가?: "보이는 땅을 내가 너와 네 자손에게 주리니 영원히 이르리라 내가 네 자손이 땅의 티끌 같게 하리니 사람이 땅의 티끌을 능히 셀 수 있을진대 네 자손도 세리라"(15~16절).

이것이 바로 말씀에 따른 비전을 가지고 선택하는 자에게 주시는 하나님의 은혜다. 그런데 놀라운 것은, 상급으로 땅과 자손을 주신다는 것이다. 세속적인 비전을 가진 롯의 우선적인 선택으로 인해 아브라함은 좋은 땅을 잃었다. 물이 넉넉한 땅은 목축업을 하는 족장들에게 있어 중요한 생업의 터전이다. 그런데 그 좋은 땅을 롯이 선택한 것이다. 또한 아브라함의 입장에서는 좋은 땅뿐만 아니라 그 땅을 향해 떠나 버린 롯까지 잃었다. 롯은 아브라함에게 어떤 존재인가? 그는 무자한 아브라함에게 있어 아들과도 같고 후사와도 같은 존재다. 그런데 그것까지 다 잃게 된 것이다. 아브라함이 좋은 땅과 아들과도 같은 롯을 잃어버린 것은 사실이다. 그리고 우리는 이와 같은 잃어버림에 대해 두려워하고 있다. 그런데 하나님은 말씀의 비전으로 바라보고 나아가는 아브라함에게 땅과 자손을 약속하신다. 롯과 함께 잃어버린 것들을 회복시키시겠다는 것이다.

말씀의 비전을 따라가도 결코 손해가 없다. 오히려 더 가치 있는 것을 얻게 된다. 아브라함이 가지게 될 땅은 영원히 누리는 땅이다. 그리고 그의 자손은 롯 한 사람에 비교할 수 없는, 하늘의 별과 바다의 모래와 같은 자손들이다. 이것은 롯과 함께 잃어버린 것에 비교할 바가 아니다.

당신은 어쩌면 하나님이 주시는 더 큰 복을 누리지 못한 채 작은 복을 가지고 롯과 같이 살고 있는지 모르겠다. 만일 이것이 현실이라면 얼마나 후회막심인가. 말씀의 비전, 경건한 비전을 가지고 살아가는 그리스도인들에게는 결코 손해가 없다는 것을 기억하라. 최후 승리는 반드시 찾아온다.

우리 인생은 무엇을 보느냐에 따라 결정된다. 그러므로 가려서 보아야 한다. 바라보는 것에 대한 훈련을 해야 한다. 세속적인 그림들이 우리의 비전 안에 영향력을 미치지 못하도록 말이다. 그리고 말씀 보는 일에 더욱 힘써야 한다. 말씀을 따라 인생과 물질과 관계와 미래를 볼 수 있도록 말이다. 이러한 훈련에서 승리해야 거룩한 비전을 가졌던 아브라함과 같이 하나님의 아름다운 기업을 물려받을 수 있다.

· 실천 사항 ·

1. 비전 훈련을 위해 TV를 포함한 각종 영상 매체에서 방영되는 프로그램 중 시청을 금해야 할 것을 적어 보자.

_____
_____
_____

2. TV 안 보는 날을 정해 보자(주일로 정해도 좋다).
3. 오늘은 TV를 끄고 가족들과 함께 다과를 나누며 대화하는 시간이나 함께 운동하는 시간을 가져 보자.

본문은 아브라함과 조카 롯의 소유가 너무 불어나서 서로 동거할 수 없게 되자 분가하는 내용이다. 그런데 두 사람이 서로의 길을 선택하는 장면을 보라. 거기에는 유사한 구조가 나타난다. 둘 다 그 나아갈 길을 정할 때 '눈을 들어 바라본' 것이다. 그런데 둘 다 눈을 들어 보았지만, 너무도 다른 삶의 결과를 가져왔다.

그리스도인은 무엇을 보고 앞으로 나아가야 하는가? 이름 하여 비전 훈련, 곧 '□□□의 훈련'을 통해 무엇을 어떻게 보고 앞으로 나아가야 승리할 수 있는지를 묵상하며 신앙의 원리로 삼도록 하자.

1. 인생은 무엇을 보느냐에 따라 □□된다.

- 우리는 모두가 다 나름의 이상적인 삶에 대한 □□을 마음속에 각인하고 있다.

- 그 그림을 모든 선택과 결정의 □□으로 삼아 □□하는 것이다.

2. 롯의 비전은 □□□인 그리스도인을 대표한다.

- 롯이 기준으로 삼았던 그림은 '여호와의 동산'과 □□□ 이다. 그의 비전에는 경건한 이상과 세속적 이상이 혼재해 있었던

것이다.

- 그 결과 그는 멸망하는 땅, 하나님의 기업과 유업이 없는 땅으로
  나아갔다.

3. 아브라함의 비전은 ☐☐☐ 그리스도인을 대표한다.

- 아브라함의 비전은 ☐☐에서 비롯된 비전이었다.
- 말씀의 비전을 따라가도 결코 손해가 없다. 오히려 더 ☐☐ 있는
  것을 얻게 된다.

인생은 무엇을 보느냐에 따라 결정된다. 그러므로 가려서 보아야
한다. 바라보는 것에 대한 훈련을 해야 한다. 그리고 말씀 보는 일에
더욱 힘써야 한다. 말씀을 따라 인생과 물질과 관계와 미래를 볼 수
있도록 말이다.

· 실천 사항 ·

1. 비전 훈련을 위해 TV를 포함한 각종 영상 매체에서 방영되는
   프로그램 중 시청을 금해야 할 것을 적어 보자.

   _____

   _____

   _____

2. TV 안 보는 날을 정해 보자(주일로 정해도 좋다).

3. 오늘은 TV를 끄고 가족들과 함께 다과를 나누며 대화하는 시간
   이나 함께 운동하는 시간을 가져 보자.

〈실천 보고서〉

* 제출자:_____ * 소속:_____구역

* 실천 사항
1. 주간 실천 항목(매일 실천하고 확인해야 하는 항목으로 O, X표 또는 숫자를 기입하라.)

실 천 항 목	본인 확인	지도자 확인
1. 오늘 새벽 기도회에는 참석하셨습니까?	예 / 아니오	
2. 오늘 하루 동안 성경 말씀을 읽었습니까?	( )장 / 아니오	
3. 오늘 하루 동안 기도를 드리셨습니까?	( )회 / 아니오	

2. 오늘의 집중 실천 항목(오늘 실천하고 확인해야 하는 항목으로, 실천했으면 해당 번호에 O표 또는 내용을 기입하라.)

   1. 비전 훈련을 위해 TV를 포함한 각종 영상 매체에서 방영되는 프로그램 중 시청을 금해야 할 것을 적어 보자.

   _____
   _____
   _____

   2. TV 안 보는 날을 정해 보자(주일로 정해도 좋다).
   3. 오늘은 TV를 끄고 가족들과 함께 다과를 나누며 대화하는 시간이나 함께 운동하는 시간을 가져 보자.

3. 오늘의 다짐과 묵상 노트(오늘 개인적으로 깨닫고 다짐한 내용을 적어 보자.)

   _____
   _____
   _____

* 실천 보고서 평가

   _____
   _____
   _____

7

예배 훈련

성경: 요한복음 4:19~26

찬송: 438장(내 영혼이 은총 입어)

19여자가 이르되 주여 내가 보니 선지자로소이다 20우리 조상들은 이 산에서 예배하였는데 당신들의 말은 예배할 곳이 예루살렘에 있다 하더이다 21예수께서 이르시되 여자여 내 말을 믿으라 이 산에서도 말고 예루살렘에서도 말고 너희가 아버지께 예배할 때가 이르리라 22너희는 알지 못하는 것을 예배하고 우리는 아는 것을 예배하노니 이는 구원이 유대인에게서 남이라 23아버지께 참되게 예배하는 자들은 영과 진리로 예배할 때가 오나니 곧 이 때라 아버지께서는 자기에게 이렇게 예배하는 자들을 찾으시느니라 24하나님은 영이시니 예배하는 자가 영과 진리로 예배할지니라 25여자가 이르되 메시야 곧 그리스도라 하는 이가 오실 줄을 내가 아노니 그가 오시면 모든 것을 우리에게 알려 주시리이다 26예수께서 이르시되 네게 말하는 내가 그라 하시니라 예수님과 제자들이 유대에서의 사역을 마치고 갈릴리로 가던 중 사마리아 지역의 수가 성을 지나는 길에 행로에 지치신 예수님이 잠시 야곱의 우물가에서 쉬자고 하신다. 잠시 쉬시는 중에 정오 즈음 동네로부터 한 여인이 물동이를 이고 물을 길러 나왔다. 그때 주님이 그 여인에게 물을 좀 달라고 말씀하시면서 대화가 시작된다.

여인은 대화를 통해 주님을 선지라라고 여기게 된다. 남편과 관계된 자신의 삶의 과거와 현재를 꿰뚫어 보셨기 때문이다. 그래서 여인은 예수님 앞에 평소에 가지고 있던 종교적인 관심과 질문 하나를 내어 놓는다. 그 여인의 관심과 질문이 무엇인가? 바로 예배다. 그런데 예배에 대한 여인의 생각이 오늘을 살고 있는 우리 신앙인들의 예배에 관한 이해를 상당히 많이 반영하고 있다.

야곱의 우물가에서 이루어진 예수님과 사마리아 여인의 대화를 통해 우리의 예배에 대한 이해를 성경의 조명 아래서 검증해 보고, 하나님이 바라시는 참된 **예배적인 삶**을 훈련하고 실천하자.

1. 참된 예배자는 **이원론적** 예배관을 극복해야 한다.

여인은 선지자로 보이는 주님 앞에 무엇을 말하고 있는가?: "우리 조상들은 이 산에서 예배하였는데 당신들의 말은 예배할 곳이 예루살렘에 있다 하더이다"(20절). 여인은 당시 의견이 분분했던 예배 장소에 관한 예수님의 견해를 물었다.

실제로 당시 유대인들과 사마리아인들은 서로 다른 장소에서 예배드려야 한다고 여기고 있었다. 유대인들은 예루살렘에서 예배를 드려야 한다고 주장했고, 사마리아인들은 야곱의 우물에서 올려다보이는 그리심 산에서 예배를 드려야 한다고 생각하고 있었던 것이다. 그래서 여인은 도대체 어디서 예배를 드려야 하며, 어디서 하나님의 제물 된 삶을 살아야 할 것인가 알고 싶었던 것이다.

그런데 여인이 던진 이 질문은 사실 오늘 우리가 가지고 있는 예배에 대한 입장을 드러낸다. 우리 역시도 하나님 앞에 예배하는 자들로서, 이 여인과 당시 사람들처럼 예배드리는 장소를 한정하는 경향이 있다. 이러한 입장을 일컬어 이원론적 예배관이라 하는데, 예배드리는 장소와 예배드리지 않는 장소를 둘로 **구분**해서, 어디서는 예배를 드리고, 또 어디서는 예배를 드리지 않는 행태를 말하는 것이다.

이것은 '예배를 드리고 안 드리고'의 문제가 아닌 하나님의 **주권**의 문제다. 예배드리는 장소에서는 하나님의 주권을 인정하지만, 예배드리지 않는 자리에서는 근본적으로 하나님의 주권을 인정하지 않는 것이다. 세상은 아직도 사탄이 공중 권세를 잡고 있다. 하나님의 나라가 완성되기까지 사탄의 권세는 여전할 것이다. 그렇기 때문에 이 땅에서 사는 동안 하나님의 권세와 주권 아래 있지 않으면 우리는 사탄의 권세 아래 놓이게 된다. 이스라엘 백성들이 광야에서 밤을 맞았을 때 불기둥 아래 들어가지 않으면 곧 밤의 어두움과 추위 속에 노출되는 것과 같은 이치인 것이다.

예배가 없는 장소는 다 하나님의 주권 아래 있지 못하고, 공중 권세 잡은 자의 권세 아래 있게 된다. 그러므로 참된 예배를 드리는 그리스도인이 되려면 주일뿐 아니라 일상에서도 예배의 원리를 따라 예배적인 삶을 살아가야 한다. 모든 상황에서 하나님의 주권 아래 설 수 있어야 하는 것이다.

사람의 제일 되는 목적이 무엇인가? '하나님을 영화롭게 하고 영원토록 그를 즐거워하는 것'이다. 질문을 다시 한 번 생각해 보자. 그리스도인의 제일 되는 목적이 아닌 사람의 제일 되는 목적이다. 이는 그리스도인들이 교회에서 행동하는 원칙이 아닌, 평상시 사람으로 살아가면서 행동해야 하는 대원칙을 말해 주는 것이다. 그러므로 우리는 예배와 관련한 이원론을 극복할 수 있어야 한다. 이것은 예수님이 사마리아 여인에게 하신 말씀에서도 잘 드러난다.

2. 예수님의 임재가 있는 모든 상황이 예배가 되어야 한다.

사마리아 여인의 예배관에 대한 주님의 대답에서 참된 예배가 무엇인지 알 수 있다: "여자여 내 말을 믿으라 이 산에서도 말고 예루살렘에서도 말고 너희가 아버지께 예배할 때가 이르리라"(21절). 그러면서 계속 말씀하신다: "아버지께 참되게 예배하는 자들은 영과 진리로 예배할 때가 오나니 곧 이 때라"(23절).

예배에 대한 장소적 구분은 의미가 없는 것이라고 일축하시면서, 주님은 예배드릴 때에 대해서 말씀하고 계시다. 그러면서 예배드릴 때가 "이 때"라고 분명히 말씀하신다. 그러면 "이 때"란 어느 때인가? 2,000년 전 예수님과 사마리아 여인이 만났던 그날, 그 시간이라는 말인가? 아니다. "이 때"란 곧 예수 그리스도가 임재해 계시는 바로 그 시간을 의미한다.

그러면 예수님이 언제 임재하시는가? 재림의 때인가? 아니다. 예수님은 모든 시간에 임재하신다. 성경은 예수님에 대해 어제도 계셨고, 이제도 계시며, 장차 오실 자라고 말한다. 모든 시간이 예수님이 계신 시간이라는 것이다. 결국 예수님이 말씀하신 "이 때"는 바로 우리가 살아 있는 매순간을 말한다. 우리가 살아가는 모든 **현재**의 시간이 바로 예배드릴 때라는 것이다.

우리는 주님이 말씀하신 예배의 시간인 "이 때"를 살고 있다. 때문에 우리가 무슨 일을 하든지 하나님은 그 상황에서 이렇게 말씀하시고 요구하신다: "나는 지금도 너에게 임재해 있다. 그러므로 이 시간에 하는 이 일도 내게 올리는 예배와 같이 해야 한다. 제물을 준비하고 올리듯이 이 일을 해 주지 않겠니?"

어떻게 모든 시간을 다 예배로 살아가야 할지 걱정이 되는가? 예배를 드리는 데는 수고가 따르는 게 사실이다. 그러나 예배 중에 경험하는 놀라운 은혜와 은총과 기적을 생각해 보라. 예배 가운데서 찬양을 통해 우리의 감정이 변하고, 말씀 앞에서 우리의 생각이 변하고, 기도 가운데서 우리의 마음과 삶의 태도가 바뀌는 것을 생각해 보라. 이러한 것들이 우리 삶의 매순간마다 나타난다고 생각해 보라. 매일의 예배와 같은 삶을 살아가는 것이 힘든 **의무**이기만 한 것은 아니다. 이것이야말로 승리하는 삶의 큰 **비결**이다.

히브리서 기자는 말한다: "그러므로 우리는 긍휼하심을 받고 때를 따라 돕는 은혜를 얻기 위하여 은혜의 보좌 앞에 담대히 나아갈 것이니라"(히 4:16). 때를 따라 돕는 은혜의 보좌, 곧 모든 때마다 하나님의 보좌 앞에서 그분과 함께 생활하고 일할 수 있다는 것이다. 그렇게 하기 위해 필요한 것이 삶의 예배다.

우리 삶의 모든 순간을 예배와 같이 하나님 앞에서 행함으로 축복의 보좌 앞에 있는 인생을 만들어 가야 한다. 예배를 위한 수고와 준비와 정성을 가지고 매일의 삶을 살아간다면 예배 중에 허락하시는 감격과 기쁨이 우리 생활에 함께할 것이다.

3. 성령과 진리 안에서 삶의 예배를 드리라.

그렇다면 참된 삶의 예배는 어떻게 드려야 할까? 어떻게 해야 참된 삶의 예배를 드림으로 하나님께 영광을 돌리고 그분의 은총과 축복 속에서 살 수 있을까?

"예배하는 자가 영과 진리로 예배할지니라"(24절).

무슨 말인가? 성령과 진리 안에서 예배하라는 것이다. 이것이 바로 우리 삶의 매순간마다 붙들어야 할 승리하는 예배자의 삶의 원리다. 성령과 진리 안에 있으면 그것이 어떠한 삶의 모습이든 참된 삶의 예배가 된다.

그러면 구체적으로 어떻게 해야 할까? 성령의 은혜를 위해선 매사를 기도하는 마음으로 행해야 한다. 일의 시작과 과정과 마침에 있어서 하나님의 지혜와 은혜를 구하며 기도하는 습관. 이것이 성령 안에

거할 수 있는 방법이다. 또한 진리 안에서 행하기 위해선 그 일과 관련된 하나님의 말씀을 찾고 묵상하고 암송하면서 말씀의 원리대로 일하는 습관이 필요하다.

이 땅에 사는 동안 우리는 참된 예배자로 부름 받고 있다. 교회에서뿐 아니라 우리의 매일의 삶에서도 여전히 예배하는 자로 살아야 한다. 예배하는 삶, 이것은 어렵고 수고스러운 우리 삶의 의무만은 아니다. 우리는 예배하는 삶 속에서 하나님의 은혜를 받을 수 있다. 우리의 모든 삶에 때마다 돕는 은혜의 보좌를 내리시려는 하나님의 선하신 뜻을 발견하자.

• 실천 사항 •

1. 참된 삶의 예배에서 실패하고 있는 부분들이 어디인지 적어 보자(예: 부부관계, 자녀 양육, 가사 활동, 운전, 직장생활, 학업, 쇼핑, 여가 활동 등).

   _____

   _____

   _____

2. 위에 적은 영역에서 삶의 예배를 드릴 수 있도록 힘을 구하며 기도하자.

3. 오늘 하루 동안 '영과 진리 안에서' 행하는 삶의 예배를 실천해 보자.

❖ 참가자

　야곱의 우물가에서 예수님과 한 사마리아 여인이 대화하고 있다. 여인은 예수님 앞에 평소에 가지고 있던 종교적인 관심과 질문 하나를 내어 놓는다. 바로 예배다. 그런데 예배에 대한 여인의 생각이 오늘을 살고 있는 우리 신앙인들의 예배에 관한 이해를 상당히 많이 반영하고 있다.

　야곱의 우물가에서 이루어진 예수님과 사마리아 여인의 대화를 통해 우리의 예배에 대한 이해를 성경의 조명 아래서 검증해 보고, 하나님이 바라시는 참된 □□□□□을 훈련하고 실천하자.

1. 참된 예배자는 □□□적 예배관을 극복해야 한다.
- 이원론적 예배관은 예배드리는 장소와 예배드리지 않는 장소를 둘로 □□해서, 어디서는 예배를 드리고, 또 어디서는 예배를 드리지 않는 행태를 말하는 것이다.
- 이것은 하나님의 □□의 문제다. 예배드리지 않는 자리에서는 근본적으로 하나님의 주권을 인정하지 않는 것이다.

2. 예수님의 □□가 있는 □□□□이 예배가 되어야 한다.

- 예수님이 예배할 때라고 말씀하신 "이 때"란 곧 예수 그리스도 가 임재해 계시는 바로 그 시간을 의미한다. 이는 곧 우리가 살 아 있는 매순간을 말한다. 우리가 살아가는 모든 □□의 시간이 바로 예배드릴 때라는 것이다.
- 매일의 예배와 같은 삶을 살아가는 것이 힘든 □□이기만 한 것 은 아니다. 이것이야말로 승리하는 삶의 큰 □□이다.

3. □□과 □□ 안에서 삶의 예배를 드리라.

- 성령과 진리 안에서 예배하라는 것, 이것이 바로 우리 삶의 매순 간마다 붙들어야 할 승리하는 예배자의 삶의 □□다.

이 땅에 사는 동안 우리는 참된 예배자로 부름 받고 있다. 교회에 서뿐 아니라 우리의 매일의 삶에서도 여전히 예배하는 자로 살아야 한다. 예배하는 삶을 통해 우리의 모든 삶에 때마다 돕는 은혜의 보 좌를 내리시려는 하나님의 선하신 뜻을 발견하자.

· 실천 사항 ·

1. 참된 삶의 예배에서 실패하고 있는 부분들이 어디인지 적어 보자(예: 부부관계, 자녀 양육, 가사 활동, 운전, 직장생활, 학업, 쇼핑, 여가 활 동 등).

    _____

    _____

    _____

2. 위에 적은 영역에서 삶의 예배를 드릴 수 있도록 힘을 구하며 기도하자.

3. 오늘 하루 동안 '영과 진리 안에서' 행하는 삶의 예배를 실천해 보자.

〈실천 보고서〉

* 제출자:_____ * 소속:_____구역

* 실천 사항
1. 주간 실천 항목(매일 실천하고 확인해야 하는 항목으로 O, X표 또는 숫자를 기입하라.)

실 천 항 목	본인 확인	지도자 확인
1. 오늘 새벽 기도회에는 참석하셨습니까?	예 / 아니오	
2. 오늘 하루 동안 성경 말씀을 읽었습니까?	( )장 / 아니오	
3. 오늘 하루 동안 기도를 드리셨습니까?	( )회 / 아니오	

2. 오늘의 집중 실천 항목(오늘 실천하고 확인해야 하는 항목으로, 실천했으면 해당 번호에 O표 또는 내용을 기입하라.)

1. 참된 삶의 예배에서 실패하고 있는 부분들이 어디인지 적어 보자(예: 부부관계, 자녀 양육, 가사 활동, 운전, 직장생활, 학업, 쇼핑, 여가 활동 등).

_____

_____

_____

2. 위에 적은 영역에서 삶의 예배를 드릴 수 있도록 힘을 구하며 기도하자.
3. 오늘 하루 동안 '영과 진리 안에서' 행하는 삶의 예배를 실천해 보자.

3. 오늘의 다짐과 묵상 노트(오늘 개인적으로 깨닫고 다짐한 내용을 적어 보자.)

_____

_____

_____

* 실천 보고서 평가

_____

_____

_____

8

절제 훈련

성경: 고린도전서 9:24~27

찬송: 341장(십자가를 내가 지고)

24운동장에서 달음질하는 자들이 다 달릴지라도 오직 상을 받는 사람은 한 사람인 줄을 너희가 알지 못하느냐 너희도 상을 받도록 이와 같이 달음질하라 25이기기를 다투는 자마다 모든 일에 절제하나니 그들은 썩을 승리자의 관을 얻고자 하되 우리는 썩지 아니할 것을 얻고자 하노라 26그러므로 나는 달음질하기를 향방 없는 것 같이 아니하고 싸우기를 허공을 치는 것 같이 아니하며 27내가 내 몸을 쳐 복종하게 함은 내가 남에게 전파한 후에 자신이 도리어 버림을 당할까 두려워함이로다

❖ 인도자

영적인 훈련과 성장에 있어 기본적이고도 필수적인 내용 중 하나
가 절제다. 절제가 빠진 훈련은 큰 성과를 기대할 수 없기 때문이다.
바울은 본문에서 절제라는 신앙의 원리를 설명함에 있어서 독특한
비유를 사용한다. 바로 **운동선수**의 비유다. 당시 고대 근동에는 올림
픽을 비롯한 체전들이 많이 거행되었는데, 바울은 그리스도인의 절
제를 이러한 운동선수 비유를 통해서 실감나게 가르치고 있다. 바울
의 비유 안에서 성경적 절제의 미덕이 무엇인지 살펴보자.

1. 성경적 절제는 세상을 이기기 위한 거룩한 투자다.

우리는 '절제'라는 주제에 큰 흥미를 느끼지 못한다. 왜냐하면
'절제란 금욕주의적인 삶'이라는 등식을 가지고 있기 때문이다. 그
래서 성경에서 절제라는 단어를 보면 무언가 뒤로 물러나야 할 것 같
고, 조신하게 있어야 할 것 같고, 무언가 힘든 자리를 찾아가야만 할
것 같은 생각 때문에 꺼리게 되는 것이 사실이다. 그런데 이러한 **금
욕주의**적인 절제의 개념은 성경적 절제의 의미를 다 말해 주지 않는
다. 단순히 하고 싶은 것을 줄이거나 하지 않는 것이 성경적 절제의
전부는 아니다.

사도 바울은 "이기기를 다투는 자마다 모든 일에 절제하나니" (25절)라고 말한다. 그는 우리가 가진 절제의 개념이 성경적 개념으로는 부족함을 알고, 운동 경기에 참가하기 위해 훈련하는 운동선수의 예를 들어 절제에 대해 다시 설명하고 있는 것이다. 곧 성경적 절제는 이기기 위해 하는 것이지, '절제' 그 자체를 위해 하는 것이 아니라는 말이다.

운동선수가 운동을 하면서 체중을 조절하고, 기호 식품을 끊으며, 친구와 가족까지도 떠나 있는 이유는 무엇인가? '훈련이 좋아서', '이런 절제의 삶이 즐겁기 때문에'라고 말하는 사람은 없을 것이다. 마찬가지로 우리의 절제 역시 '절제' 그 자체를 위해 있는 것이 아님을 알아야 한다. 오히려 세상을 이기기 위해 투자하는 가치 있는 과정임을 알아야 한다.

운동선수가 훈련을 위해 절제의 시간을 보낸 후 경기에서 승리하고 메달을 받게 될 때 사람들의 인정과 보상이 찾아오는 것처럼, 바울은 성경적 절제를 권하며 훈련 과정 자체만 보지 말고 그 결과까지 바라보며 절제하는 경건한 삶을 살라고 동기부여하고 있다.

성경적인 절제의 삶은 세상으로부터 도피하거나, 세상과는 관계없이 수도원과 기도원에서처럼 살아가는 것이 아니다. 성경적인 절제는 세상을 이기기 위한 전략적인 후퇴다. 이보 전진을 위한 일보 후퇴라는 말처럼, 이는 세상을 이기고 세상을 다스릴 수 있는 그리스도인, 세상이 감당하지 못하는 승리하는 그리스도인을 만들어 가시는 하나님의 방법이다. 그러므로 우리는 기쁜 마음으로 승리하는 삶을 약속하시는 절제 가운데로 나아가야 한다.

2. 성경적 절제는 삶의 향방을 바로 정하고 거기에 집중하는 것 이다.

사도 바울은 성경적인 절제에 대해 그것이 '향방'을 정하고 달려 가는 삶이라고 말한다: "그러므로 나는 달음질하기를 향방 없는 것 같이 아니하고"(26절). 성경적인 절제란 우리 삶에서 한 방향을 향해 잘 달려가기 위해 행하는 것이다.

육상선수는 달릴 때 방향을 잘 잡아야 한다. 결승점을 향해 한눈팔 지 않고 달려가야 한다. 마라톤 선수가 마라톤 경주를 하다가 400미 터 달리기의 결승점이 좋아 보인다고 그리로 향해 가서는 안 된다. 아 무리 빨리 뛰어도 그렇게 해서는 상을 받을 수가 없다. 마찬가지로 성 경적 절제 역시 인생의 향방을 바로 정하고 집중하며 달려가는 것을 뜻한다.

그렇다면 우리의 향방은 어디인가? 무엇이 우리가 집중하고 나아 가야 할 향방인가? 그것은 바로 소명이다. 하나님은 우리 각자에 대 한 창조의 목적을 가지고 계신다. 시계가 만들어질 때는 시각을 가리 키는 목적이 부여되고, 연필이 만들어질 때는 글을 쓰는 목적이 부여 되는 것처럼, 시계나 연필과는 비교할 수조차 없는 우리 존재의 목적 은 바로 소명이다.

참된 절제는 이 소명을 향해 집중하는 삶을 우리에게 허락한다. 그런 의미에서 절제가 중요하다. 바른 절제를 통해 소명을 향해 가는 '소명 지향적 삶'을 살면 우리 삶에 놀라운 속도와 힘이 생겨난다. 우리의 소명과 맞지 않는 것을 줄이고, 끊고, 버리고, 포기하면, 우리 는 그 소명의 결승점을 향해 더 잘 달려갈 수 있게 된다.

3. 성경적 절제를 실천할 수 있는 일곱 가지 원리

그렇다면 어떻게 절제를 훈련할 수 있을까? 영성 신학자이자 영성 훈련가인 리처드 포스터는 그의 책 「영적 훈련과 성장」에서 절제의 삶을 사는 일곱 가지 원리를 제시한다.

1) 물건을 구입할 때는 **체면**이 아닌 **실용성**을 고려하라.

무언가를 구입하는 경우 자기의 체면만을 고려하다 보면 필요가 없거나 필요에 넘치는 것을 구입하고 후회할 때가 많다. 물건의 용도는 자신에게 맞지 않고, 물질적인 부분에도 문제가 생긴다. 물건을 구입할 때는 필요를 채우는 것인가, 실용성과 유용성이 있는가를 고려해야 한다.

2) **중독**을 피하라.

소명을 향해 달음질함에 있어 탐닉하게 되는 중독 역시 피해야 한다. 중독되어 있는 습관은 결코 성경적 절제를 통해 기대하는 바를 이룰 수 없게 한다. 생활하고 일하는 곳에서 적절한 컨디션을 유지할 수 없게 만드는 지나친 중독은 반드시 피해야 한다.

3) 물건을 **나누어** 주는 습관을 기르라.

어떤 소유물에 집착하고 있다고 여겨진다면, 오히려 그 물건을 다른 이들에게 나누라. 소유에 의해 목덜미를 잡힌 채로는 결코 소명의 결승점을 향해 갈 수 없다. 오직 소명에 붙들려라. 그러면 소명이 우리를 앞에서 당겨 줄 것이다.

4) **광고**에 현혹되지 말라.

광고는 그 분야의 전문가들, 곧 프로들이 만들어 낸다. 때문에 광고는 엄청난 힘을 발휘하지 않을 수 없다. 광고는 결코 객관적인 정보가 아니다. 광고는 보는 사람들이 아닌 광고주를 위해 만드는 것임을 잊지 말고 광고를 비판하는 시각을 가져야 한다.

5) 소유하는 법보다 **활용**하는 법을 배우라.

우리는 소유를 통해 기쁨을 누리려는 경향이 있다. 소유를 통해 에덴동산에서 다스리던 권리를 행사할 수 있다고 생각한다. 그러나 소유에 대한 집착은 만물과 만유의 주인 되신 하나님의 주권을 인정하는 것과 배치될 수 있으며, 순례자로서 이 땅을 살아가야 할 의무도 이행치 못하는 결과를 초래할 수 있다.

6) "**옳다**", "**아니라**"에 정직하라.

예수님도 마태복음 5장 37절에서 "Yes"와 "No"를 분명히 할 것을 말씀하신다: "오직 너희 말은 옳다 옳다, 아니라 아니라 하라 이에서 지나는 것은 악으로부터 나느니라." 옳다, 아니라에서 실패하면 인생이 복잡해진다. 복잡해진 삶은 소명에 집중할 수 없게 한다.

7) **우선순위**를 분명히 하라.

우선순위를 분명히 할 때 급한 일과 분주한 일의 횡포로부터 자유할 수 있다. 중요한 일, 곧 소명과 관계된 일들이 미루어져서 나중에는 급하게, 성의 없이 처리해야 할 일들이 되지 않게 하라.

우리는 참으로 복잡하고 다원화된 시대를 살고 있다. 자칫 잘못하면 이러한 복잡다단한 상황에 휩쓸려 소명을 이루지 못한 채 상급 없는 영생으로 나아가게 된다. 이러한 문제를 해결할 수 있는 방법이 성경적 절제다. 바울이 말하는 바 이 절제를 이루어 그 승리의 결승점에서 하나님께 영광을 돌리고 상급을 누리자.

· 실천 사항 ·

1. 우리 삶에서 집중하고 바라보아야 할 향방이 되는 '소명'에 관해 적어 보자.

   _____

   _____

   _____

2. 소명을 이루기 위한 속도와 힘을 가질 수 있으려면 무엇을 절제해야 할지 기록해 보자.

   _____

   _____

   _____

3. 기록한 것들을 가족들과 함께 나누고 기도하는 시간을 가져 보자.

영적인 훈련과 성장에 있어 기본적이고도 필수적인 내용 중 하나가 절제다. 바울은 그리스도인의 절제를 ☐☐☐☐ 비유를 통해서 실감나게 가르치고 있다. 바울의 비유 안에서 성경적 절제의 미덕이 무엇인지 살펴보자.

1. 성경적 절제는 세상을 ☐☐☐ 위한 거룩한 ☐☐다.

- ☐☐☐☐적인 절제의 개념은 성경적 절제의 의미를 다 말해 주지 않는다.

- 성경적인 절제는 세상을 이기고 세상을 다스릴 수 있는 그리스도인, 세상이 ☐☐☐☐ 못하는 승리하는 그리스도인을 만들어 가시는 하나님의 방법이다.

2. 성경적 절제는 삶의 ☐☐을 바로 정하고 거기에 ☐☐하는 것이다.

- 우리의 향방은 바로 ☐☐이다.

3. 절제의 원리를 실천하라.

〈리처드 포스터의 절제의 삶을 사는 일곱 가지 원리〉

1) 물건을 구입할 때는 □□이 아닌 □□□을 고려하라.

2) □□을 피하라.

3) 물건을 □□□ 주는 습관을 기르라.

4) □□에 현혹되지 말라.

5) 소유하는 법보다 □□하는 법을 배우라.

6) '□□', '□□□'에 정직하라.

7) □□□□를 분명히 하라.

우리는 참으로 복잡하고 다원화된 시대를 살고 있다. 자칫 잘못하면 이러한 복잡다단한 상황에 휩쓸려 소명을 이루지 못한 채 상급 없는 영생으로 나아가게 된다. 이러한 문제를 해결할 수 있는 방법이 성경적 절제다. 함께 실천하자.

• 실천 사항 •

1. 우리 삶에서 집중하고 바라보아야 할 향방이 되는 '소명'에 관해 적어 보자.

　　_____
　　_____
　　_____

2. 소명을 이루기 위한 속도와 힘을 가질 수 있으려면 무엇을 절제해야 할지 기록해 보자.

_____

_____

_____

3. 기록한 것을 가족들과 함께 나누고 기도하는 시간을 가져 보자.

〈실천 보고서〉

* 제출자:_____ * 소속:_____구역

* 실천 사항

1. 주간 실천 항목(매일 실천하고 확인해야 하는 항목으로 O, X표 또는 숫자를 기입하라.)

실 천 항 목	본인 확인	지도자 확인
1. 오늘 새벽 기도회에는 참석하셨습니까?	예 / 아니오	
2. 오늘 하루 동안 성경 말씀을 읽었습니까?	( )장 / 아니오	
3. 오늘 하루 동안 기도를 드리셨습니까?	( )회 / 아니오	

2. 오늘의 집중 실천 항목(오늘 실천하고 확인해야 하는 항목으로, 실천했으면 해당 번호에 O표 또는 내용을 기입하라.)

　　1. 우리 삶에서 집중하고 바라보아야 할 향방이 되는 '소명'에 관해 적어 보자.

　　　_____

　　　_____

　　2. 소명을 이루기 위한 속도와 힘을 가질 수 있으려면 무엇을 절제해야 할지 기록해 보자.

　　　_____

　　　_____

　　3. 기록한 것을 가족들과 함께 나누고 기도하는 시간을 가져 보자.

3. 오늘의 다짐과 묵상 노트(오늘 개인적으로 깨닫고 다짐한 내용을 적어 보자.)

　　_____

　　_____

　　_____

* 실천 보고서 평가

　　_____

　　_____

　　_____

9

감사 훈련

성경: 빌립보서 4:6~7

찬송: 66장(다 감사드리세)

6아무 것도 염려하지 말고 다만 모든 일에 기도와 간구로, 너희 구할 것을 감사함으로 하나님께 아뢰라 7그리하면 모든 지각에 뛰어난 하나님의 평강이 그리스도 예수 안에서 너희 마음과 생각을 지키시리라

본문 말씀은 기도의 원리를 교훈하는 내용이다. 염려하는 마음이 아닌 감사하는 마음으로 기도하라는 교훈이다. 그러나 이는 기도 이전에, 만나는 모든 일마다 품게 되는 우리 마음의 자세에 대한 언급이기도 하다. 기도 역시도 성도의 거룩한 일이요, 직무이기 때문이다. 만나는 모든 일 앞에서 어떠한 마음을 품어야 승리하는 그리스도인이 되는지를 말씀을 통해 생각해 보자.

1. 모든 일을 만날 때, 감사를 선택하라.

어떤 일을 만날 때 우리 안에 생겨나는 두 가지 마음의 태도가 있다. 하나는 염려하는 마음이고, 또 하나는 감사하는 마음이다: "아무것도 염려하지 말고 오직 모든 일에 기도와 간구로 너희 구할 것을 감사함으로 하나님께 아뢰라"(6절). 그런데 대개의 경우 어떤 마음이 우선적으로 드는가? 염려하는 마음이 앞선다. 고대하면서 기다리던 일이 아닌 경우, 우리 인생은 대개 일에 대한 염려의 마음이 앞선다. 그리스도인들도 예외가 아니다. 예배당에 나와 하나님의 임재 가운데 있지만, 많은 일에 대한 염려가 우리의 뇌리를 떠나지 않는다.

왜 이렇게 염려하는 것일까? 성경 주석가 아더 핑크는 다음과 같이 설명한다.

"일에 대한 염려와 두려움은 인간이 에덴동산에서 쫓겨나면서
부터 생겨났다. 이것은 아담에게 부과하신 삶의 수고와 하와에
게 더해진 잉태의 고통에 대한 그 후손의 본성적인 반응이다."

창세기 3장에서 아담과 하와가 범죄하자 하나님이 그들에게 보응
하시면서, 아담에게는 "너는 네 평생에 수고하여야 그 소산을 먹으
리라"(17절) 말씀하시며 일에 대한 수고를 더하셨고, 하와에게는 "내
가 네게 임신하는 고통을 크게 더하리니"(16절) 말씀하시며 삶의 큰
고통을 더하셨다. 바로 이때부터 우리 인생 앞에 놓인 일들이 수고와
고통으로 다가오게 되었다는 말이다. 그래서 아담과 하와의 후손인
우리 역시 '일'이라 하면 그에 대한 수고와 고통을 본능적으로 예상
하게 되는 것이다. 결국 아담의 범죄로 인해 일에 대한 부담감과 염
려와 불안이 찾아들었다는 것이다.

그러나 우리의 신분이 무엇인가? 우리는 더 이상 아담의 후손이
아니다. 우리는 둘째 아담이신 예수 그리스도로 말미암아 하나님의
자녀가 되었다. 더 이상 아담의 후손으로 살 이유가 없다. 그렇기 때
문에 어떤 일을 만나든 아담의 후손들이 가지는 염려의 마음을 더 이
상 갖지 않아도 된다. 그것은 우리의 신분에 어울리는 일이 아니다.
예수 그리스도 안에서 하나님의 자녀가 된 만큼, 우리는 모든 일 앞
에서 아담의 후손들이 가지는 염려의 마음이 아닌 하나님의 자녀들
답게 감사하는 마음을 가질 수 있어야 한다. 이런 점에서 우리는 감

사를 선택해야 한다.

2. 감사를 선택하면 마음과 생각에 평강의 파수꾼이 세워진다.

사도 바울은 염려하는 마음이 아니라 감사하는 마음을 갖게 되면 놀라운 유익이 있다고 말한다: "그리하면 모든 지각에 뛰어난 하나님의 평강이 그리스도 예수 안에서 너희 마음과 생각을 지키시리라" (7절).

"그리하면"이 무슨 뜻인가? '염려가 아니라 감사하는 마음으로 하나님께 아뢰면' 이라는 뜻이다. 이렇게 할 때 하나님의 평강이 우리의 마음과 생각을 지키신다고 말한다. 이것은 감사하는 자에게 주시는 하나님의 놀라운 은총이다.

"지키시리라"는 말은 '파수하다', '파수꾼이 세워지다' 라는 뜻이다. 곧 감사하는 마음을 가지고 일을 만나고 시작하고 행하는 사람에게는 '평강' 이라는 군사가 그에게 진을 치고 둘러싸서 보호해 준다는 말이다. '평강의 파수꾼' 이 우리의 마음과 생각을 지켜 보호한다니 이 얼마나 놀라운 약속인가. 이것이 바로 성도의 감사가 지니는 가치다.

우리 삶에 있어 어떤 일들을 감당할 때 감사하는 마음 자세와 염려하는 마음 자세 중 어떤 것이 더 능률을 높이고 선한 결과를 만들어 낼까? 감사하는 마음 자세다. 왜 그럴까? 본문 말씀대로 '평강' 이라는 이름을 가진 파수꾼이 지켜 주기 때문이다. '평강' 이라는 군사가 파수해 주기 때문에 우리의 생각과 마음이 자유롭고, 그 자유로움 안에서 무엇이든 할 수 있는 것이다. 마치 아버지가 저만치서 지켜보기 때문에 놀이터에서 놀이하는 아이가 평안함 가운데 두려움 없이 기쁨으로 자기가 하고 싶은 것을 할 수 있듯이 말이다.

그러나 반대로 염려하는 마음이 있으면 어떤가? 파수꾼 없이 밤길을 나선 사람처럼 과도하게 주저하고, 자꾸만 회피하고 도망치고자 하는 생각만 들게 된다. 실제로 염려 가운데 일하는 사람들은 이 핑계 저 핑계를 대며 일을 잘 맡으려 하지 않는다. 그리고 일이 잘 진행되지도 않는다. 이들에게는 문제만 크게 보이기 때문이다. 그러다 마침내 마감 시간에 쫓기면 맡은 일을 대충 처리해 버리고 만다. 그렇기 때문에 성과도 좋지 않다.

당신은 무엇을 선택하겠는가? 당신 앞에 놓인 많은 일들을 '평강의 파수꾼'이 지키고 보호해 주는 가운데 행하라. 감사 가운데서 행하라. 감사는 '평강의 파수꾼'을 사는 대가다. 일 앞에서 염려가 일어나려 할 때 얼른 물리치고 감사하는 마음을 택하라.

3. 평강의 파수꾼을 당신의 생활에 잘 배치하라.

그렇다면 구체적으로 파수꾼을 어디에 세워야 할까? 먼저는, 우리가 어떤 일을 만날 때 가장 먼저 생겨나는 정서적인 반응에 주의해야 한다. 일들은 주로 어떻게 찾아오는가? 계획에 따라 차근차근 되어지는 경우는 별로 없다. 또 계획되었던 일들이라 해도 막상 시작하면 워낙 변수가 많아서 언제나 예상치 못한 일들이 발생한다. 이러한 일들이 맡겨질 때 당신의 반응은 어떤가? 바로 이 부분에서부터 평강의 파수꾼이 세워져야 한다. 한숨이 나올 때, '어이쿠' 혹은 '에이'라는 단어가 머릿속에 떠오르거나 입으로 터져 나오려 할 때, 바로 그때 감사의 표현을 대신해야 한다. 그러면 놀랍게도 약속하신 말씀처럼 '평강의 파수꾼'이 찾아오고, 우리의 생각은 긍정적인 쪽으로 방향을 잡게 되어 일의 능률이 오르게 된다.

일을 진행하는 가운데 문제에 맞닥뜨리게 될 경우엔 어떻게 하는가? 많은 경우 일을 시작한 것을 후회하거나, 일이 자신에게 온 것을 불평하고 원망한다. 하지만 이것은 전혀 도움이 되지 않는다. 이럴 때도 우린 "주님, 감사합니다"라는 고백을 마음과 입으로 선택해야 한다. 후회와 원망과 불평을 감사로 대신해야 한다. 그러면 "모든 지각에 뛰어난"(7절) '평강의 파수꾼'이 우리를 도와준다. '모든 지각에 뛰어나다'는 말은 우리 인간의 예상과 판단을 초월한다는 말이다. 인간이 가진 이성적 기능보다 더 뛰어나다는 말이다. 그러므로 감사를 선택해서 일을 진행하면 모든 지각에 뛰어난 평강의 파수꾼이 인간이 풀지 못하는 문제들을 해결해 주는 것이다.

우리는 또한 일을 마칠 때에도 감사해야 한다. 일의 결과를 만들어 놓고도 이것이 어떻게 될까 하며 염려할 때가 많다. 그럴 때 "하나님, 감사합니다"라고 고백하면서 평강의 파수꾼을 부르자. 그러면 일의 결과가 파수꾼으로 인해 우리가 예상했던 것보다 더욱 아름다운 결실로 맺혀질 것이다.

감사는 놀라운 것이다. 우리 삶의 구석구석에 감사를 통한 평강의 파수꾼을 세우자. 문제가 있는 관계에, 능률이 오르지 않는 일에, 그리고 지금 처한 곤란한 상황에 파수꾼을 세우자. 모든 일들에 대한 해답은 감사에 있었다는 것을 다시 한 번 깨닫고 감사를 선택함으로 말미암아 삶의 모든 영역에 평강의 파수꾼을 세우자.

1. 감사할 제목을 다섯 가지 이상 적어 보자.

_____

_____

_____

2. 우리 생활 중 구체적으로 어떤 상황에서 감사로 염려를 대신해
   야 할지를 적어 보자(예: "한숨 대신에 '감사합니다' 라고 의도적으로 표현
   하기" 등).

_____

_____

_____

3. 우리에게 여러 은혜를 주신 하나님과 사람을 향해 실제로 감사
   의 표현을 해 보자.

본문 말씀은 기도의 원리를 교훈하는 내용이다. 그러나 이는 기도 이전에, 만나는 모든 일마다 품게 되는 우리 ☐☐의 ☐☐에 대한 언급이기도 하다. 만나는 모든 일 앞에서 어떠한 마음을 품어야 승리하는 그리스도인이 되는지를 말씀을 통해 생각해 보자.

1. 모든 일을 만날 때, 감사를 ☐☐하라.

- 예수 그리스도 안에서 하나님의 자녀가 된 만큼, 우리는 모든 일 앞에서 ☐☐의 후손들이 가지는 ☐☐의 마음이 아닌 하나님의 자녀들답게 감사하는 마음을 가질 수 있어야 한다.

2. 감사를 선택하면 마음과 생각에 ☐☐의 ☐☐☐이 세워진다.

- 감사는 '평강의 파수꾼' 을 사는 ☐☐다. 일 앞에서 염려가 일어나려 할 때 얼른 물리치고 감사하는 마음을 택하라.

3. 평강의 파수꾼을 당신의 ☐☐에 잘 ☐☐하라.

- 어떤 일을 만날 때, 일을 진행할 때, 그리고 일을 마칠 때에도 감사하라.

감사는 놀라운 것이다. 우리 삶의 구석구석에 감사를 통한 평강의 파수꾼을 세우자. 문제가 있는 관계에, 능률이 오르지 않는 일에, 그리고 지금 처한 곤란한 상황에 파수꾼을 세우자. 모든 일들에 대한 해답은 감사에 있었다는 것을 다시 한 번 깨닫고 감사를 선택함으로 말미암아 삶의 모든 영역에 평강의 파수꾼을 세우자.

• 실천 사항 •

1. 감사할 제목을 다섯 가지 이상 적어 보자.

_____

_____

_____

2. 우리 생활 중 구체적으로 어떤 상황에서 감사로 염려를 대신해 야 할지를 적어 보자(예: "한숨 대신에 '감사합니다' 라고 의도적으로 표현 하기" 등).

_____

_____

_____

3. 우리에게 여러 은혜를 주신 하나님과 사람을 향해 실제로 감사 의 표현을 해 보자.

〈실천 보고서〉

* 제출자:_____ * 소속:_____구역

* 실천 사항

1. 주간 실천 항목(매일 실천하고 확인해야 하는 항목으로 O, X표 또는 숫자를 기입하라.)

실 천 항 목	본인 확인	지도자 확인
1. 오늘 새벽 기도회에는 참석하셨습니까?	예 / 아니오	
2. 오늘 하루 동안 성경 말씀을 읽었습니까?	( )장 / 아니오	
3. 오늘 하루 동안 기도를 드리셨습니까?	( )회 / 아니오	

2. 오늘의 집중 실천 항목(오늘 실천하고 확인해야 하는 항목으로, 실천했으면 해당
   번호에 O표 또는 내용을 기입하라.)

   1. 감사할 제목을 다섯 가지 이상 적어 보자.
   _____
   _____
   _____

   2. 우리 생활 중 구체적으로 어떤 상황에서 감사로 염려를 대신해야 할지
      를 적어 보자(예: "한숨 대신에 '감사합니다' 라고 의도적으로 표현하기" 등).
   _____
   _____
   _____

   3. 우리에게 여러 은혜를 주신 하나님과 사람을 향해 실제로 감사의 표현
      을 해 보자.

3. 오늘의 다짐과 묵상 노트(오늘 개인적으로 깨닫고 다짐한 내용을 적어 보자.)
   _____
   _____
   _____

* 실천 보고서 평가
_____
_____
_____

10

언어 훈련

성경: 잠언 15:4
찬송: 212장(겸손히 주를 섬길 때)

4온순한 혀는 곧 생명 나무이지만 패역한 혀는 마음을 상하게 하느니라

❖ 인도자

영성 훈련에 있어 언어 훈련은 매우 중요하다. 말을 하지 않고는 살 수 없기 때문이다. 우리의 일상에서 말이 빠진다면 생활 자체가 불가능하다. 이처럼 말은 우리 생활에 있어 필수적이다. 자주 하지 않는 금식과 구제도 경건을 위해 훈련하고 연습해야 하는데, 하루도 빠짐없이 하고 있는 말에 대한 훈련이 없다면 안 될 것이다. 솔로몬의 지혜의 말씀을 통해 우리의 말에 대해 생각해 보고, 어떠한 말이 충만한 영성을 가진 성도의 말인지 살펴보자.

1. 말에는 놀라운 위력이 있다.

말에 대해 생각할 때, 우리는 먼저 말의 위력, 곧 말의 힘에 대해서 잘 알아야 한다. 성경에서도 말의 위력에 대해 많은 지적을 하고 있다.

잠언 12장 18절은 "칼로 찌름 같이 함부로 말하는 자가 있거니와 지혜로운 자의 혀는 양약과 같으니라"고 말한다. 어떤 말은 칼로 찌름 같이 크고 치명적인 상처를 주는가 하면, 어떤 말은 낙심과 좌절로 곪아 가는 마음과 영혼에 양약과 같이 치료하는 역사도 일으킨다는 것이다. 또한 야고보서 3장 6절에서는 "혀는 곧 불이요"라고 말한다. 불은 큰 힘을 가진다. 불이 나면 몇 시간 만에 큰 손실이 발생하는 것처럼, 우리의 말에 이러한 불과 같은 위력이 있다는 것이다.

그렇다면 이러한 위력이 어디로부터 오는 것일까? 이는 하나님으로부터 온다. 하나님의 말씀에는 힘이 있다. 우리가 발로 밟고 살아가는 이 땅이 바로 하나님의 말씀, 곧 하나님의 언어로 지어졌다. 그리고 이러한 능력이 그 형상과 모양을 물려받은 우리에게도 있다.

하나님은 왜 우리에게 이와 같은 능력을 주셨을까? 그것은 우리의 말로 생명의 열매를 맺어서 그 열매를 먹는 자들이 더욱 풍성한 생명을 가지도록 하기 위함이다: "온순한 혀는 곧 생명 나무이지만 패역한 혀는 마음을 상하게 하느니라"(잠 15:4). 그런데 우리는 이러한 말을 어떻게 사용하고 있는가?

먼저, 가정 안에서의 우리의 말을 돌아보자. 남편과 아내 사이에서 우리의 말은 과연 생명의 열매를 맺고 있는가? 부부 사이는 이 땅에 있는 그 어떤 관계보다도 중요하다. 짧게는 3, 40년, 길게는 6, 70년 동안 가장 가까이에서 삶을 나누는 가운데 얼마나 많은 말이 오가겠는가? 이러한 관계에서 말은 너무도 큰 영향력을 미칠 수밖에 없다.

둘째로, 자녀들에게도 우리의 말은 중요하다. 자녀는 부모 된 우리 말의 열매다. 부모가 자녀를 향해 긍정적인 말을 했다면 그 열매도 긍정적이다. 그러나 부정적인 말로 키워 왔다면 그 결과 또한 부정적일 것이다. 자녀가 잘되고 잘못되는 것은 부모의 말에 달려 있다.

셋째로, 교회에서 만나고 함께 신앙생활하는 성도들 간에도 말은 너무도 중요하다. 히브리서 3장 13절은 "오직 오늘이라 일컫는 동안에 매일 피차 권면하여 너희 중에 누구든지 죄의 유혹으로 완고하게 되지 않도록 하라"고 말한다. 이 말은, 하나님이 성도들을 한 교회 안에, 한 구역 안에, 한 전도회 안에 묶어 주신 이유가 무엇인지를 가르쳐 준다. 이는 서로의 신앙이 더욱 풍성한 생명을 가질 수 있도록 우리의 생명의 말로 권면하고 격려하고 세워 주라고 하셨다는 말이다. 말은 누군가를 믿음 안에서 세울 수도, 또 믿음에서 떨어지게 할 수도 있다.

이와 같은 말의 역할과 기능 때문에 말의 영성에 대한 훈련이 필요하다. 하나님이 우리의 말에 담아 두신 그 놀라운 위력을 잘 통제해서 생명을 일으키는 일에 사용해야 한다.

2. 말에는 여러 종류가 있다.

우리가 하는 말은 대개 네 가지, 곧 입술의 말, 머리의 말, 가슴의 말, 영혼의 말로 분류할 수 있다. 우리는 어떤 수준의 말까지 구사하고 있는가?

먼저는 입술의 말이다. 이것은 마음과 상관없이 입술로만 하는 말을 의미한다. 식당이나 호텔 같은 데서 받는 인사가 이에 해당한다. 이는 형식적이고 의무적인 말로, 이런 말은 공기만 진동시킬 뿐 사람의 인생에는 큰 영향력을 주지 못한다.

둘째는 머리의 말이다. 이것은 머릿속에 있는 것, 곧 지식과 정보를 전하는 말이다. 이 말은 사실 그대로를 전하기 때문에 듣는 사람의 지식과 정보가 많아질 순 있지만, 인생에 있어서 결정적인 역할은 하긴 어렵다. 뉴스와 같은 것이 이에 해당한다. 어제 들은 뉴스 때문에 오늘 아침 인생이 크게 달라지지는 않는 것처럼, 머리의 말 역시도 사람의 인생에 큰 영향력을 주기는 어렵다.

셋째는 가슴의 말이다. 이것은 머리의 말과 달리 가슴에 있는 것, 곧 우리의 **느낌**을 표현하는 말이다. 느낌은 생각 이전의 것이기 때문에 지식보다도 사람의 더 깊은 부분에 관계된다. 그래서 참다운 대화가 되게 하려면 생각 이전의 느낌을 나누는 것이 중요하다. 이러한 느낌과 감정의 나눔을 통해 보다 효과적인 의사소통이 가능해진다.

넷째는 영혼의 말이다. 이것은 가장 중요한 것으로, 그가 **믿는** 바를 말하는 것이다. 생각이나 느낌과는 다르지만, 우리는 우리 안에 있는 믿음을 말할 수 있다. 우리 앞에 될 일에 대한 믿음, 우리와 관계된 사람들에게 이루어질 일들, 이러한 것에 대한 믿음을 표현할 수 있다. 이러한 말이 오갈 때, 생각과 느낌을 전하는 것보다 더 큰 영향력을 줄 수 있다. 이 말을 통해 미래를 말할 수 있다. 소망을 말할 수 있다. 지금 가진 지식은 절망을 예고할지라도, 마음으로 포기하고 싶은 느낌이 들지라도, 영혼의 말을 통해서 새로운 길을 만들어 나갈 수 있다.

우리는 어떤 말을 하는가? 가정과 교회, 직장과 학교에서 우리의 말은 어느 수준까지 자유롭게 구사되고 있는가? 우리는 주변 사람들에게 가슴의 말과 영혼의 말을 할 수 있어야 한다. 가족과 성도들에게 입술의 말과 머리의 말만이 아닌 우리의 깊은 마음을 나누는 말, 믿음을 이야기하는 말을 할 수 있어야 한다. 우리의 말로 인해 많은 사람들에게서 생명의 현상이 나타나야 한다.

3. 말의 훈련은 마음의 훈련에 기초한다.

그러면 생명을 주는 말은 어떻게 할 수 있는가? 본문은 말을 나무에 빗대어 표현한다. 밖으로 보이는 것은 나무뿐이지만, 실제로 그 나무를 나무 되게 하는 것은 숨겨진 데 있는 뿌리다. 이처럼 우리 말에도 뿌리가 있다.

우리는 가끔 예기치 않았던 말들이 입에서 튀어 나와 자신과 상대방을 당황하게 할 때가 있다. 이는 언젠가 우리 마음속에서 한 번이라도 생각해 본 적이 있기 때문에 무의식중에 표출되어 나온 것이다. 우리가 하는 말들은 우리의 내면과 삶의 태도, 감정과 사상을 있는 그대로 나타내 보여 주기 때문이다. 그래서 예수님은 "마음에 가득한 것을 입으로 말함이라 선한 사람은 그 쌓은 선에서 선한 것을 내고 악한 사람은 그 쌓은 악에서 악한 것을 내느니라"(마 12:34~35)고 말씀하셨다.

말을 훈련하려면 어떻게 해야 할까? 말의 뿌리가 내려진 곳, 곧 우리의 마음이 생명의 토양이 되도록 훈련해야 한다. 우리 마음을 본성 그대로 두어서는 안 된다. 선지자 예레미야는 인간 본성의 부패성을 이렇게 말했다: "만물보다 거짓되고 심히 부패한 것은 마음이라"(렘 17:9).

그러면 어떻게 해야 할까? 먼저는 긍정적인 말을 하도록 결심하고 연습해야 한다. 우리는 알게 모르게 부정적인 표현들을 많이 사용한다: "죽겠다", "지겨워", "안 돼", "이제 끝이야", "왜 이렇게밖에 못해" 등. 이러한 말들을 줄이고 생명을 줄 수 있는 말을 사용해야 한다: "할 수 있어", "잘했어", "우리, 승리해요", "당신을 믿어요" 등.

둘째, **미래**지향적인 말을 해야 한다. 늘 과거만 말하는 사람이 되지 말자. "하나님이 도우실 거야", "우리에게는 소망이 있어", "잘될 거야", "한번 해 보자", "기대가 커요"라는 표현을 사용하자. "입술의 30초가 가슴의 30년이 될 수 있다"는 말이 있다. 한 번 내뱉은 말은 그 사람의 일생을 계속해서 쫓아다닌다. 따라서 미래지향적인 말을 통해 우리의 말을 듣는 사람으로 하여금 들은 말을 떠올릴 때마다 소망을 가지고 다시 힘을 얻게 해야 한다.

셋째, 말의 뿌리가 되는 마음의 훈련을 위해 무엇보다 중요한 것은, 우리가 지금도 계속하고 있는 그리스도인의 기본적인 신앙 훈련, 그중에서도 말씀의 **묵상**과 **암송**은 우리 마음을 말씀으로 직접 다루는 것이기에 가장 중요하다. 어떤 일이나 사건이 발생했을 때 평소에 암송하고 묵상한 말씀이 생각나기까지 말씀으로 우리의 마음을 훈련하는 것이 필요하다.

하나님은 우리에게 놀라운 말의 힘을 주셨다. 말은 우리 주변에 있는 사람들에게 생명을 줄 수도 있고, 사망을 줄 수도 있다. 우리에게 맡기신 입술과 혀를 생명을 주는 도구로 활용하자. 이를 위해 필요한 마음의 훈련을 시작하자. 긍정적인 말을 생각하고, 미래지향적인 말을 생각하고, 무엇보다 가장 능력 있는 말인 하나님의 말씀을 우리 마음에 채워 우리의 언어가 늘 생명을 주는 언어가 되게 하자.

• 실천 사항 •

1. 내 입술에서 걷어내야 할 부정적인 말을 기록해 보자.

　　_____

　　_____

　　_____

2. 누군가에게 들었던 말 중에 지금까지도 힘이 되는 말을 기록해
　　보자.

　　_____

　　_____

　　_____

3. 가정에서 세 번 이상 긍정적인 말, 창조적인 말, 미래지향적인
　　말을 해 보자.

영성 훈련에 있어 언어 훈련은 매우 중요하다. 말을 하지 않고는 살 수 없기 때문이다. 솔로몬의 지혜의 말씀을 통해 우리의 말에 대해 생각해 보고, 어떠한 말이 충만한 영성을 가진 성도의 말인지 살펴보자.

1. 말에는 놀라운 ☐☐이 있다.

- 이러한 말의 위력은 ☐☐☐으로부터 왔다.
- 우리의 말로 생명의 열매를 맺어서 그 열매를 먹는 자들이 더욱 풍성한 ☐☐을 가지도록 하기 위해 우리에게 말의 힘을 주신 것이다.

2. 말에는 여러 ☐☐가 있다.

- 입술의 말은 ☐☐과 상관없이 입술로만 하는 말을 의미한다.
- 머리의 말은 ☐☐과 ☐☐를 전하는 말이다.
- 가슴의 말은 ☐☐을 표현하는 말이다.
- 영혼의 말은 그가 ☐☐ 바를 말하는 것이다.

3. 말의 훈련은 ☐☐의 훈련에 기초한다.

- 말을 훈련하려면, 말의 뿌리가 내려진 곳, 곧 우리의 마음이 ☐ ☐의 ☐☐이 되도록 훈련해야 한다.

- ☐☐☐인 말을 하도록 결심하고 연습하라. ☐☐지향적인 말을 하라. 무엇보다 말씀의 ☐☐과 ☐☐은 우리 마음을 말씀으로 직접 다루는 것이기에 가장 중요하다.

하나님은 우리에게 놀라운 말의 힘을 주셨다. 말은 우리 주변에 있는 사람들에게 생명을 줄 수도 있고, 사망을 줄 수도 있다. 우리에게 맡기신 입술과 혀를 생명을 주는 도구로 활용하자. 이를 위해 필요한 마음의 훈련을 시작하자. 긍정적인 말을 생각하고, 미래지향적인 말을 생각하고, 무엇보다 가장 능력 있는 말인 하나님의 말씀을 우리 마음에 채워 우리의 언어가 늘 생명을 주는 언어가 되게 하자.

• 실천 사항 •

1. 내 입술에서 걷어내야 할 부정적인 말을 기록해 보자.

_____
_____
_____

2. 누군가에게 들었던 말 중에 지금까지도 힘이 되는 말을 기록해 보자.

_____
_____
_____

3. 가정에서 세 번 이상 긍정적인 말, 창조적인 말, 미래지향적인
   말을 해 보자.

〈실천 보고서〉

* 제출자:_____ * 소속:_____구역

* 실천 사항

1. 주간 실천 항목(매일 실천하고 확인해야 하는 항목으로 O, X표 또는 숫자를 기입하라.)

실 천 항 목	본인 확인	지도자 확인
1. 오늘 새벽 기도회에는 참석하셨습니까?	예 / 아니오	
2. 오늘 하루 동안 성경 말씀을 읽었습니까?	(　)장 / 아니오	
3. 오늘 하루 동안 기도를 드리셨습니까?	(　)회 / 아니오	

2. 오늘의 집중 실천 항목(오늘 실천하고 확인해야 하는 항목으로, 실천했으면 해당 번호에 O표 또는 내용을 기입하라.)

　　1. 내 입술에서 걷어내야 할 부정적인 말을 기록해 보자.

　　_____

　　_____

　　_____

　　2. 누군가에게 들었던 말 중에 지금까지도 힘이 되는 말을 기록해 보자.

　　_____

　　_____

　　_____

　　3. 가정에서 세 번 이상 긍정적인 말, 창조적인 말, 미래지향적인 말을 해 보자.

3. 오늘의 다짐과 묵상 노트(오늘 개인적으로 깨닫고 다짐한 내용을 적어 보자.)

　　_____

　　_____

　　_____

* 실천 보고서 평가

　　_____

　　_____

　　_____

11

온유 훈련

성경: 마태복음 5:5
찬송: 452장(내 모든 소원 기도의 제목)

5온유한 자는 복이 있나니 그들이 땅을 기업으로 받을 것임이요 온유란 무엇인가? 사실 온유라는 경건의 덕은 오늘날 그렇게 썩 좋아 보이지 않는다. '할 수 있는 대로 자기를 알려야 하는 자기 PR 시대에 이 무슨 시대착오적인 발상인가?' 라고 생각하기 쉽다. 그러나 이는 온유의 가치를 몰라서 하는 말이다. 성경이 말하는 온유가 얼마나 귀하고 아름다운 복을 약속하는 경건의 덕목인지를 배우면서 우리 자신을 온유의 사람으로 훈련시키자.

1. 성경적 온유는 '통제된 힘' 을 의미한다.

'온유' 라는 말을 들으면 무슨 생각이 떠오르는가? 우유부단하고, 자기 주관도 없고, 개성도 없고, 야심도 없고, 눈치만 살피는 무기력한 사람으로 생각하지는 않는가? 오늘 이 시대는 온유함을 그런 것으로 치부하려는 경향이 있다. 그래서 온유한 사람을 향해 후한 점수를 주지 않는다.

당신은 자녀들이 패기만만한 사람이 되기를 원하는가, 아니면 온유한 사람이 되기를 원하는가? 대답은 '온유한 사람' 이라 해도 실제로는 패기만만한 사람이 되라고 가르치는 것이 우리 교육의 현실이다. 이 시대는 온유의 덕을 그리 좋아하지 않는 것 같다. 늘 자신감도 없이, 남의 의견과 주장에 끌려 다니는 나약한 사람의 모습처럼 여기는 것이다. 그러나 성경이 말하는 온유가 진정 그러한가? 아니다. 성경적 온유함이란 결코 우유부단하고, 주장도 없고, 개성도 없는 소심한 마음이 아니다.

본문에서 주님이 사용하신 온유라는 단어는 '프라우테스' 라는 헬라어인데, 이는 '야생마가 잘 길들여져 있는 상태' 를 말할 때 쓰는 단어다. 온유와 이미지가 잘 통하는 동물을 말해 보라 하면 무엇을 꼽겠는가? 토끼처럼 작고 순한 동물이 적절하다고 생각지 않겠는가? 그런데 성경은 온유를 설명하면서 말과 같이 크고 힘 있는 짐승을 예로 들고 있다. 들판을 힘차게 박차고 달리는 야생마가 조련사의 손에서 잘 훈련되어 길들여져 있을 때 성경은 이를 '온유하다' 고 말한다.

있던 힘이 빠져서 온유한 사람이 되는 게 아니다. 힘은 그대로지만 그 힘이 잘 통제되고 조절될 때 '온유하다' 는 말을 할 수 있는 것이다. '온유는 통제되고 조절된 힘이다!' 성경이 말하는 온유란 바로 이런 것이다. 그렇다면 성경적 온유를 이루기 위해서 어떻게 해야 할까?

2. 온유를 이루기 위해 주님의 고삐에 순응하라.

성경적 온유란 '길들여진 야생마' 다. 길들여진 말과 길들여지지 않은 말의 차이가 무엇일까? 여러 가지가 있을 수 있겠지만, 가장 중요한 것은 야생마일 때는 고삐가 없지만, 길들여지고 나서는 고삐가 있다는 것이다. 온유하기 위해서는 우리가 가지고 있는 여러 가지 힘들에 어떤 고삐가 채워져야 한다. 이 고삐에 의해서 우리의 힘이 조절되고 통제를 받아야 한다. 그 고삐가 무엇인가? 바로 예수 그리스도, 혹은 하나님의 주권이다.

우리는 감정의 힘, 돈의 힘, 권력의 힘과 같은 여러 가지 힘을 가지고 있다. 이러한 힘이 주님에 의해 통제되고 조절될 수 있을 때 성경은 그 사람을 '온유하다'고 한다. 주님이 우리의 안장에 올라 우리 힘의 고삐를 당기실 때 그것에 순응해서 우리의 힘을 잘 **발휘**하는 것이 온유다. 성경적으로 온유한 사람은 결코 막연히 사람 좋은 것, 순한 사람이 되는 것이 아니다.

스스로에게 질문해 보자. "우리는 과연 온유한 사람인가?", "우리는 우리가 가진 여러 가지 것들로 하여금 주님의 고삐에 순응하게 하는가?", "우리의 감정, 말, 표정, 가정에서의 매너와 직장에서의 일의 자세, 그리고 교회에서 행하는 여러 가지 사역의 태도는 과연 온유한가?" 우리의 말이 우리의 생각대로가 아닌 온유의 고삐에 의해 조절되어 나올 때 온유한 말이 된다. 우리의 표정이 우리의 감정을 따라 성급히 표현되는 것이 아니라 온유의 고삐에 의해 통제될 때 온유한 표정이 된다. 우리의 일과 사역, 돈과 시간도 마찬가지다. 온유의 고삐, 즉 주님의 주권에 의해 걸러질 때 비로소 온유한 일과 사역이 되며, 주님의 고삐에 순응할 때 비로소 온유한 재정 활용 및 온유한 시간 활용이 된다.

주님의 고삐와 상관없는 말과 감정 표현과 행동과 돈 씀씀이는 결코 성경적인 온유가 아니다. 주님이 고삐를 당기실 때까지 기다릴 수 있는 진정한 온유의 사람이 되자.

3. 온유한 자에게 주시는 복과 약속은 땅이다.

성경은 온유에 대해 가르치면서 온유함에 따라오는 너무나도 귀한 복과 약속을 소개한다: "온유한 자는 복이 있나니 그들이 땅을 기업으로 받을 것임이요." 이러한 약속은 구약에도 나와 있다: "온유한 자들은 땅을 차지하며 풍성한 화평으로 즐거워하리로다"(시 37:11). 신구약 모두에서 온유한 자에게 유독 '땅'이라는 복을 약속한다.

성경이 말하는 땅이란 무엇인가? 바로 '이 세상', 그리고 '이 세상 사람들'이다. 하나님이 '이 땅' 혹은 '온 땅'이라고 말씀하실 때는 우리가 밟고 사는 땅이 아닌 이 세상과 이 세상 사람들을 지칭하는 것이다. 무슨 말인가? 온유한 자가 '이 세상과 이 세상 사람들을 얻게 될 것이다'는 말이다. 다시 말하면, 우리가 성경이 말하는 진정한 온유함으로 행할 때 우리의 온유를 경험하는 자들을 진정으로 우리가 얻게 된다는 말이다. 주님에게 고삐가 넘겨져 있는 온유한 언어로 말하고, 온유한 지도력으로 사람들을 다루며, 온유한 주장을 드러내고, 온유한 돈 씀씀이를 행할 때, 그것을 경험하는 사람과 일이 진정으로 우리의 편이 되며, 나아가 우리의 소유가 된다는 뜻이다. 이것은 예수님의 삶과 사역의 방식이기도 했다.

마태복음 11장 29~30절을 보면, "나는 마음이 온유하고 겸손하니 나의 멍에를 메고 내게 배우라 그리하면 너희 마음이 쉼을 얻으리니 이는 내 멍에는 쉽고 내 짐은 가벼움이라"고 하셨다. 멍에란 소의 등에 매어서 논과 밭을 가는 도구다. 예수님의 멍에란 곧 예수님이 이 땅에서 일하시는 방법을 말하는 것으로, 그 멍에가 곧 온유와 겸손이라는 것이다. 우리 주님은 온유와 겸손으로 일하셨다는 말이다.

주님이 온유가 아닌 마음대로 일하셨다면 우리는 결코 구원받지 못했다. 주님이 하시고 싶은 대로 말하고 행동하셨다면, 십자가는커녕 나사렛에서 나오시지도 않았을 것이다. 주님이 온유하셨기에, 그 온유의 고삐에 잘 순응하셨기에 치욕과 배신과 고통 속에서도 십자가를 지러 올라가셨던 것이다. 이 모든 일을 온유로 감당하셨을 때 어떤 결과가 나타났는가? 세상을 다 얻으셨다. 말씀대로, '이 땅'을 얻으셨다. 온유한 자가 받는 하나님의 약속을 받으신 것이다.

오해하지 말자. "큰소리치는 사람이 이긴다"는 말이 통하는 시대를 살아도 진정한 영향력을 행사하는 것은 온유임을 잊지 말자. 물론 온유하지 않아도 영향력을 행사할 수 있다. 어떻게 보면 당장은 그게 나아 보인다. 그러나 그렇게 해서 얻은 사람과 일과 소유는 결코 영원한 우리의 기업이 될 수 없다. 진정한 온유로 행해서 사람과 이 세상을 진정으로 소유하는 예수님 닮은 사람이 되자.

성경적인 온유는 그저 순하고 착한 사람이 되는 것을 말하지 않는다. 힘을 가지되 그 힘을 주님의 고삐에 의해 통제되고 조절되게 하는 것이다. 이렇게 할 때, 우리는 약속하신 대로 사람과 세상을 진정으로 얻게 될 것이다. 이를 위해서, 순간순간 예수 그리스도의 고삐에 당겨지도록 예수의 영에 사로잡히자. 주님이 성령으로 우리의 말과 행동과 돈과 시간까지도 조절하고 다스리실 수 있도록 우리의 모든 것을 잘 내어 드리자. 그리하여 그 온유함으로 인해 우리의 지경이 더욱 넓어질 수 있기를 소망하자.

· 실천 사항 ·

1. 우리의 삶에서 온유의 고삐로 조절되고 통제되어야 할 것들이
   있다면 세 가지 이상 적어 보자.

   _____

   _____

   _____

2. 온유하지 못한 말과 행동으로 가족과 타인들에게 해를 끼쳤다
   면 회개하고 용서를 구하라.

3. 지금까지 진행되어 온 '세 이레 영성 회복 훈련' 중 받은 은혜
   를 한 사람 이상에게 나누고 같이 참여할 수 있도록 권하라.

온유란 무엇인가? 사실 온유라는 경건의 덕은 오늘날 그렇게 썩 좋아 보이지 않는다. '할 수 있는 대로 자기를 알려야 하는 자기 PR 시대에 이 무슨 시대착오적인 발상인가?'라고 생각하기 쉽다. 그러나 이는 온유의 가치를 몰라서 하는 말이다. 성경이 말하는 온유가 얼마나 귀하고 아름다운 복을 약속하는 경건의 덕목인지를 배우면서 우리 자신을 온유의 사람으로 훈련시키자.

1. 성경적 온유는 「□□□□」을 의미한다.

- 성경적 온유함이란 결코 우유부단하고, 주장도 없고, 개성도 없는 소심한 마음이 아니다. 성도 개인이 가진 힘이 잘 □□되고 □□되는 상태를 뜻한다.

2. 온유를 이루기 위해 주님의 □□에 □□하라.

- 주님이 우리가 가진 여러 힘의 고삐를 당기실 때 그것에 순응해서 우리의 힘을 잘 □□하는 것이 온유다.

3. 온유한 자에게 주시는 복과 약속은 □이다.

- 성경이 말하는 땅이란 '이 □□', 그리고 '이 세상 □□□' 이다. 온유한 자가 '이 □□과 이 세상 □□□을 얻게 될 것이다'는 말이다.

성경적인 온유는 그저 순하고 착한 사람이 되는 것을 말하지 않는다. 힘을 가지되 그 힘을 주님의 고삐에 의해 통제되고 조절되게 하는 것이다. 이렇게 할 때, 우리는 약속하신 대로 사람과 세상을 진정으로 얻게 될 것이다. 이를 위해서, 순간순간 예수 그리스도의 고삐에 당겨지도록 예수의 영에 사로잡히자. 주님이 성령으로 우리의 말과 행동과 돈과 시간까지도 조절하고 다스리실 수 있도록 우리의 모든 것을 잘 내어 드리자.

· 실천 사항 ·

1. 우리의 삶에서 온유의 고삐로 조절되고 통제되어야 할 것들이 있다면 세 가지 이상 적어 보자.

   _____

   _____

   _____

2. 온유하지 못한 말과 행동으로 가족과 타인들에게 해를 끼쳤다면 회개하고 용서를 구하라.

3. 지금까지 진행되어 온 '세 이레 영성 회복 훈련' 중 받은 은혜를 한 사람 이상에게 나누고 같이 참여할 수 있도록 권하라.

〈실천 보고서〉

* 제출자:_____ * 소속:_____구역

* 실천 사항

1. 주간 실천 항목(매일 실천하고 확인해야 하는 항목으로 O, X표 또는 숫자를 기입하라.)

실 천 항 목	본인 확인	지도자 확인
1. 오늘 새벽 기도회에는 참석하셨습니까?	예 / 아니오	
2. 오늘 하루 동안 성경 말씀을 읽었습니까?	( )장 / 아니오	
3. 오늘 하루 동안 기도를 드리셨습니까?	( )회 / 아니오	

2. 오늘의 집중 실천 항목(오늘 실천하고 확인해야 하는 항목으로, 실천했으면 해당
   번호에 O표 또는 내용을 기입하라.)

   1. 우리의 삶에서 온유의 고삐로 조절되고 통제되어야 할 것들이 있다면
      세 가지 이상 적어 보자.

      _____
      _____
      _____

   2. 온유하지 못한 말과 행동으로 가족과 타인들에게 해를 끼쳤다면 회개
      하고 용서를 구하라.
   3. 지금까지 진행되어 온 '세 이레 영성 회복 훈련' 중 받은 은혜를 한 사
      람 이상에게 나누고 같이 참여할 수 있도록 권하라.

3. 오늘의 다짐과 묵상 노트(오늘 개인적으로 깨닫고 다짐한 내용을 적어 보자.)

   _____
   _____
   _____

* 실천 보고서 평가

_____
_____
_____

12

순종 훈련

성경: 창세기 12:1~9

찬송: 449장(예수 따라가며)

1여호와께서 아브람에게 이르시되 너는 너의 고향과 친척과 아버지의 집을 떠나 내가 네게 보여 줄 땅으로 가라 2내가 너로 큰 민족을 이루고 네게 복을 주어 네 이름을 창대하게 하리니 너는 복이 될지라 3너를 축복하는 자에게는 내가 복을 내리고 너를 저주하는 자에게는 내가 저주하리니 땅의 모든 족속이 너로 말미암아 복을 얻을 것이라 하신지라 4이에 아브람이 여호와의 말씀을 따라갔고 롯도 그와 함께 갔으며 아브람이 하란을 떠날 때에 칠십오 세였더라 5아브람이 그의 아내 사래와 조카 롯과 하란에서 모은 모든 소유와 얻은 사람들을 이끌고 가나안 땅으로 가려고 떠나서 마침내 가나안 땅에 들어갔더라 6아브람이 그 땅을 지나 세겜 땅 모레 상수리 나무에 이르니 그 때에 가나안 사람이 그 땅에 거주하였더라 7여호와께서 아브람에게 나타나 이르시되 내가 이 땅을 네 자손에게 주리라 하신지라 자기에게 나타나신 여호와께 그가 그 곳에서 제단을 쌓고 8거기서 벧엘 동쪽 산으로 옮겨 장막을 치니 서쪽은 벧엘이요 동쪽은 아이라 그가 그 곳에서 여호와께 제단을 쌓고 여호와의 이름을 부르더니 9점점 남방으로 옮겨갔더라

본문은 믿음의 조상 아브라함에 대한 기록이다. 그가 갈대아 우르에서 하나님의 부르심을 듣고 그 식솔들을 이끌고 출발해서 가나안까지 이르게 되는 과정을 일목요연하게 보여 준다. 이 내용을 통해 우리는 순종에 대한 교훈, 즉 아브라함이 어떻게 순종했기에 그 복된 땅 가나안에 들어갈 수 있었는가를 배울 수 있다. 아브라함을 통해 믿음의 순종이 과연 무엇이며, 또 무엇에 순종해야 하는 것이며, 그 순종에 따르는 복은 무엇인지를 살펴보자.

1. 순종은 모험이다. 그러나 보상이 있다.

갈대아 우르에 살고 있던 아브라함에게 하나님의 부르심이 주어졌다: "여호와께서 아브람에게 이르시되 너는 너의 고향과 친척과 아버지의 집을 떠나 내가 네게 보여 줄 땅으로 가라"(1절). 이 부름은 그 목소리도 낯설었지만, 내용 역시 낯설고 황당했다. 지금까지 80 평생을 살아온 고향과 친척과 아버지의 집을 떠나라니 말이다.

아브라함에게 있어 갈대아 우르를 떠나는 것은 분명 모험이다. 사람에게 있어 익숙해진 모든 것을 두고 떠나기란 결코 쉬운 일이 아니다. 그곳에 연고를 두고 있으며 기득권을 가지고 있는 경우라면 더 그렇다. 더군다나 가게 될 곳이 지금 있는 곳보다 더 좋으리라는 보장이 없다면 거의 불가능한 일이다. 이것이 인지상정이다.

그런데 아브라함에게 바로 그것이 요구되었다. 아브라함은 어떻게 했는가? 그는 그러한 무리한 요구에 순종했다. 고향과 친척과 아버지의 집을 떠났다. 돌아올 기약도 없는 이별을 감행하고 있다. 히브리서 11장 8절에 보면, "믿음으로 아브라함은 부르심을 받았을 때에 순종하여 장래의 유업으로 받을 땅에 나아갈새 갈 바를 알지 못하고 나아갔으며"라고 했다. 어디로 가는지도 알지 못하고, 곧 분명한 목적지도 없는데 아브라함은 이 모든 것을 두고서 그 부르심 하나에 순종해서 길을 나선 것이다.

이러한 아브라함을 통해서 알 수 있는 것이 무엇인가? 순종이란 일종의 모험이라는 사실이다. 그 사안이 크고 작음을 떠나 순종이란 인간의 **본성**을 거스르는 모험이기 마련이다. 우리 인생은 할 수 있는 대로 익숙하고 친숙한 것을 떠나기 어렵다. 지금 형편이 그런대로 괜찮다면 더욱 그렇고, 더 나은 것이 분명히 눈에 보이지 않으면 더 어렵다. 이런 것들을 다 무시하고 순종하는 것은 분명 큰 모험이다.

그러나 순종이라는 모험에는 보상이 있다. 거기에 따라오는 **복과 약속**이 있다. 아브라함이 이러한 순종의 모험을 했을 때 어떤 복과 약속을 받았는가? 가나안이다. 우리가 흔히 복지(福地), 곧 복된 땅이라고 말하는 그곳에서 인생을 꾸려 갈 수 있게 되었다. 그뿐인가? 복이 되는 삶도 약속받았다: "내가 너로 큰 민족을 이루고 네게 복을 주어 네 이름을 창대하게 하리니 너는 복이 될지라"(2절). 복을 받는 정도가 아니라 복 자체, 곧 복의 우물, 복의 원천, 복의 공급자가 되게 하신다는 약속이다. 하나님은 바로 이러한 복을 주시기 위해 순종을 요구하신다. 아브라함의 하나님은 곧 우리의 하나님이시다. 그 하나님이 복과 약속을 위해서 오늘도 우리에게 순종을 요구하신다. 재앙이 아닌 소망과 평안을 주시려고 순종이라는 모험을 하라고 명하신다: "여호와의 말씀이니라 너희를 향한 나의 생각을 내가 아나니 평안이요 재앙이 아니니라 너희에게 미래와 희망을 주는 것이니라"(렘 29:11).

순종하자. 우리를 결코 망하게 하지 않으시는 주님, 결코 우리에게 재앙을 허락지 않으시는 주님, 오히려 우리에게 영원한 소망과 평안을 주시며 놀라운 복과 약속을 주시는 주님을 신뢰하면서 믿음의 모험을 하자.

2. 순종은 말씀을 좇아가는 것이다.

히브리서 기자의 말대로 아브라함은 갈 바를 알지 못하고 나아갔다. 하지만 하나님은 방관하지 않으셨다. 아브라함에게 계속해서 나아갈 길을 지도하셨다: "이에 아브람이 여호와의 말씀을 따라갔고" (4절). 아브라함이 갈대아 우르를 떠나 가나안으로 가는 동안 하나님은 그에게 좇아갈 수 있는 말씀을 주셨다. 순종이라는 모험의 길에서 하나님은 말씀이라는 이정표를 아브라함에게 계속 보여 주셨다.

갈 길에 대한 확신이 없을 때 전방에 이정표가 나타나면 기쁜 것처럼, 순종의 길에서 받게 되는 하나님의 말씀이 바로 이정표와 같다. 마찬가지로 우리의 순종 역시 말씀을 이정표 삼아서 가는 것이다. 하나님에게 순종하기로 했다면 하나님의 말씀인 성경의 지시와

경고를 따라가야 한다. 그래야만 가나안에 이를 수 있다.

말씀을 따라 우리 가정에서 순종할 때, 우리는 우리 가정을 가나안으로 이끌 수 있다. 말씀을 따라 우리 소유를 관리할 때, 우리는 우리 소유를 가나안으로 이끌 수 있다. 말씀을 따라 직장에서 사무를 볼 때, 우리는 우리 일을 가나안으로 이끌어 갈 수 있다. 우리 삶이 진정으로 가나안으로 인도함 받기를 원한다면 아브라함이 본을 보이는 대로 말씀 앞에 앉아야 한다. 말씀을 열고 주의 음성이 살아 내 마음에 울리도록 기다려야 한다.

요즘 무엇이 당신의 이정표가 되고 있는가? 어떠한 소리가, 어떠한 내용이 당신의 이정표가 되고 있는가? 당신의 삶이 가나안에 가까워지기 원한다면 그 잘못된 이정표를 무시하라. 그리고 말씀을 향해 다시 한 번 집중하라. 말씀의 묵상과 그에 따른 순종이 있는 만큼 우리의 삶은 가나안에 가까워진다는 것을 기억하고, 아브라함과 같이 말씀을 좇아가라.

3. 다수와 대세의 압력에 굴복하지 말라.

우리의 순종이 복 받는 순종, 약속 있는 순종이 되게 하려면 본문 속에서 한 가지를 더 배워야 한다. 우리는 흔히 민주주의의 특징을 표현할 때 '다수결' 이라는 말을 많이 한다. 이 말은 '숫자가 많으면 진리', '많은 사람이 그렇게 여기면 진리' 라는 말이 아닌가? 그런데 참다운 순종의 영성을 가진 사람이라면 이것을 거스를 수 있어야 한다는 것이다.

순종의 사람 아브라함을 보자. 그는 갈대아 우르에서 출발할 때

다수와 대세를 거슬러야 했다. 친지들과 친구들이 얼마나 말렸을까? 다수와 대세의 압력이 대단했을 것이다. 거기서 다수결을 따랐다면 아브라함은 결코 가나안에도 들어가지 못했고, 복의 근원도 되지 못했으며, 복된 선민 이스라엘의 조상도 되지 못했을 것이다.

그런데 이때만이 아니다. 다수와 대세의 압력이 있었음에도 불구하고 하나님과 말씀만을 좇아갔던 내용이 본문 뒷부분에도 나온다: "아브람이 그 땅을 지나 세겜 땅 모레 상수리나무에 이르니 그 때에 가나안 사람이 그 땅에 거주하였더라 여호와께서 아브람에게 나타나 이르시되 내가 이 땅을 네 자손에게 주리라 하신지라 자기에게 나타나신 여호와께 그가 그 곳에서 제단을 쌓고"(6~7절).

가나안 땅의 입구인 세겜에 가 보니 가나안 사람들이 이미 그 땅을 차지하고 있었다. 이럴 때 웬만한 사람 같으면 그들을 찾아가서 '어떻게 하면 나도 여기서 성공할 수 있을지 가르쳐 주세요' 하면서 그들을 살피고 본받으려 할 것이다. 아브라함에게도 왜 그런 유혹이 없었겠는가. 그러나 아브라함은 끝까지 바른 순종을 했다. '제단을 쌓았다'는 것은 아브라함과 그의 가족들이 가나안 사람과 구별된 삶을 살았다는 분명한 증거다. 다수와 대세를 거스르고 예배적인 삶을 살았다는 것이다. 이것이 바로 바른 순종의 중요한 요건이다.

속지 말라. 다수결만 따라서는 안 된다. 그것이 언제나 **진리**일 수는 없다. 우리는 민주주의 이전에 **신본주의**적인 삶을 살아야 한다. 다수와 대세가 아무리 그것을 따라간다 해도 말씀이 달리 말하면 그것을 거슬러야 한다. 우리의 순종을 굽혀서는 안 된다. 이것이 복 받는 순종이요, 약속 있는 순종이다.

우리는 아브라함의 참된 순종을 통해 어떻게 그가 가나안을 유업으로 받았고 복의 근원이 되었는지를 살폈다. 믿음의 모험을 두려워하지 않는 순종, 말씀을 이정표 삼아 좇아가는 순종, 다수와 대세의 압력에 굴복하지 않는 순종, 바로 그 순종이 아브라함을 승리하는 사람이 되게 했다. 아브라함이 가진 순종의 영성을 구하고 훈련해서 승리하는 삶을 살아가자.

• 실천 사항 •

1. 성령이 계속해서 순종하라고 말씀하셨지만 순종하지 않았던 일이 있다면 적어 보자(너무 개인적인 일이라면 마음속에 기록하라).

   _____

   _____

   _____

2. 그리고 그 일에 대해 용기 있게 순종해 보자.
3. 고난당하는 성도들을 위한 중보기도 요청에 순종해 보자.

❖ 참가자

  본문은 믿음의 조상 아브라함이 갈대아 우르에서 하나님의 부르
심을 듣고 그 식솔들을 이끌고 출발해서 가나안까지 이르게 되는 일
련의 내용을 보여 준다. 이 내용을 통해 우리는 순종에 대한 교훈, 즉
아브라함이 어떻게 순종했기에 그 복된 땅 가나안에 들어갈 수 있었
는가를 배울 수 있다.

  1. 순종은 ☐☐이다. 그러나 ☐☐이 있다.
  - 순종이란 일종의 모험이다. 그 사안이 크고 작음을 떠나 순종이
    란 인간의 ☐☐을 거스르는 모험이다.
  - 순종이라는 모험에는 ☐☐이 있다. 따라오는 ☐과 ☐☐이 있다.

  2. 순종은 ☐☐을 좇아가는 것이다.
  - 순종이라는 모험의 길에서 하나님은 말씀이라는 ☐☐☐를 아브
    라함에게 계속 보여 주셨다.
  - 말씀의 묵상과 그에 따른 ☐☐이 있는 만큼 우리의 삶은 가나안
    에 가까워진다.

3. ☐☐와 ☐☐의 압력에 굴복하지 말라.

- 다수결만 따라서는 안 된다. 그것이 언제나 ☐☐일 수는 없다.
우리는 민주주의 이전에 ☐☐☐☐적인 삶을 살아야 한다. 다수
와 대세가 아무리 그것을 따라간다 해도 말씀이 달리 말하면 그
것을 거슬러야 한다.

우리는 아브라함의 참된 순종을 통해 어떻게 그가 가나안을 유업
으로 받았고 복의 근원이 되었는지를 살폈다. 믿음의 모험을 두려워
하지 않는 순종, 말씀을 이정표 삼아 좇아가는 순종, 다수와 대세의
압력에 굴복하지 않는 순종, 바로 그 순종이 아브라함을 승리하는 사
람이 되게 했다.

· 실천 사항 ·

1. 성령이 계속해서 순종하라고 말씀하셨지만 순종하지 않았던
일이 있다면 적어 보자(너무 개인적인 일이라면 마음속에 기록하라).

_____

_____

_____

2. 그리고 그 일에 대해 용기 있게 순종해 보자.
3. 고난당하는 성도들을 위한 중보기도 요청에 순종해 보자.

〈실천 보고서〉

* 제출자:_____ * 소속:_____구역

* 실천 사항

1. 주간 실천 항목(매일 실천하고 확인해야 하는 항목으로 O, X표 또는 숫자를 기입하라.)

실 천 항 목	본인 확인	지도자 확인
1. 오늘 새벽 기도회에는 참석하셨습니까?	예 / 아니오	
2. 오늘 하루 동안 성경 말씀을 읽었습니까?	( )장 / 아니오	
3. 오늘 하루 동안 기도를 드리셨습니까?	( )회 / 아니오	

2. 오늘의 집중 실천 항목(오늘 실천하고 확인해야 하는 항목으로, 실천했으면 해당 번호에 O표 또는 내용을 기입하라.)

   1. 성령이 계속해서 순종하라고 말씀하셨지만 순종하지 않았던 일이 있다면 적어 보자(너무 개인적인 일이라면 마음속에 기록하라).

   _____
   _____
   _____

   2. 그리고 그 일에 대해 용기 있게 순종해 보자.
   3. 고난당하는 성도들을 위한 중보기도 요청에 순종해 보자.

3. 오늘의 다짐과 묵상 노트(오늘 개인적으로 깨닫고 다짐한 내용을 적어 보자.)

   _____
   _____
   _____

* 실천 보고서 평가

   _____
   _____
   _____

13

나눔 훈련

성경: 고린도후서 9:6~11

찬송: 211장(값비싼 향유를 주께 드린)

6이것이 곧 적게 심는 자는 적게 거두고 많이 심는 자는 많이 거둔다 하는 말이로다 7각각 그 마음에 정한 대로 할 것이요 인색함으로나 억지로 하지 말지니 하나님은 즐겨 내는 자를 사랑하시느니라 8하나님이 능히 모든 은혜를 너희에게 넘치게 하시 나니 이는 너희로 모든 일에 항상 모든 것이 넉넉하여 모든 착한 일을 넘치게 하게 하려 하심이라 9기록된 바 그가 흩어 가난한 자들에게 주었으니 그의 의가 영원토 록 있느니라 함과 같으니라 10심는 자에게 씨와 먹을 양식을 주시는 이가 너희 심을 것을 주사 풍성하게 하시고 너희 의의 열매를 더하게 하시리니 11너희가 모든 일에 넉넉하여 너그럽게 연보를 함은 그들이 우리로 말미암아 하나님께 감사하게 하는 것이라

본문은 사도 바울이 고린도 교회에 보낸 편지의 일부로서 구제의 연보에 대한 내용을 상세히 다루는데, 구제의 이유와 유익을 말하면서 고린도 교인들을 권면한다. 본문을 통해 우리의 것을 교회 안팎의 사람들에게 나누는 삶에 대한 교훈을 살펴보자.

자신의 것을 나누는 삶은 기독교의 중요한 자산이다. 교회가 주님의 몸으로 가장 건강할 때는 성도들의 나눔과 구제도 풍성했다. 초대교회만 봐도 알 수 있다. 서로의 소유를 자기의 것이라 하지 않고 나누어 사용했다. 집사들을 세운 이유도 구제하기 위해서였다. 교회가 건강하다는 것은 곧 자기의 것을 나누는 성도들이 많아진다는 것을 의미한다.

그런데 오늘날 한국 교회 성도들은 어떤가? 이러한 나눔이 결여되어 있다. 사회에 만연한 개인주의를 극복하며 나아가야 하는데, 오히려 반대로 개인주의에 오염되고 있는 현실이다. 교회 안에서도 성도 간에 나눔이 없다. 또한 세상을 향한 나눔도 없는 것을 많이 보게 된다. 그렇다면 바울이 말하는 나눔의 삶이란 어떤 것일까?

1. 우리의 넘치는 것은 우리의 것이 아님을 알아야 한다.

사도 바울은 고린도 교인들에게 구제를 위한 연보를 부탁하면서 우리의 것을 나누어야 하는 가장 중요한 이유를 분명히 설명한다: "하나님이 능히 모든 은혜를 너희에게 넘치게 하시나니 이는 너희로 모든 일에 항상 모든 것이 넉넉하여 모든 착한 일을 넘치게 하게 하려 하심이라"(8절). 하나님이 우리 삶에 넘치게 하신 은혜가 있다. 다른 이들에 비해서 더욱 풍성하게 넘치게 하신 것이 있다. 물질일 수도 있고, 재능일 수도 있고, 영적 은사일 수도 있고, 또 여러 가지 실력일 수도 있다. 그런데 그 모든 은혜를 모든 착한 일에 넘치게 채우라고 주셨다는 것이다.

이 말씀에 따르면, 하나님이 나에게 주신 것 중에 넘치는 것은 나의 것이 아니라는 것이다. 성경은 그것이 '다른 곳에 부어져야 하는 것'이라고 말한다. 가정도 마찬가지다. 가정에 필요보다 넘치는 것은 우리 가정의 것이 아니다. 다른 어딘가에 부어지도록 우리에게 맡기신 것이다.

커피 자판기에서 커피를 뽑는다고 할 때 내 잔이 다 찼는데도 계속 커피가 나와서 넘치고 있다면 어떻게 해야 할까? 다른 컵을 가져와서 채워야 한다. 만일 그렇게 하지 않으면 오히려 넘친 것 때문에 손에 화상을 입을 수도 있다. 이처럼 하나님이 우리에게 계속해서 넘치도록 부어 주시는 영역들이 있다면, 다른 이들에게 그것이 나누어지도록 하시는 것임을 기억해야 한다.

우리 주변에는 빈 잔을 채우지 못한 채 그 바닥을 들여다보면서 낙담하는 많은 개인과 가정, 심지어 나라들까지도 있다. 우리나라의 경우, 정부가 집계한 결식아동의 숫자가 2016년 현재 약 38만 명이다. 또 전체적으로는 2015년 통계로 80만 명 이상이 결식의 위기에 처해 있다고 한다. 그리고 경찰청은 하루 세 명 꼴로 생계형 자살을 하고 있다고 말한다. 또한 전 세계적으로는 2015년 통계로 약 8억 명이 기아에 시달리고 있다고 한국국제기아대책기구는 밝히고 있다.

그런데 문제는 무엇인가? 지구의 다른 편에서는 중도(重度)비만, 곧 중중 비만 인구가 3억 명에 달한다고 한다. 뿐만 아니라, 미국에서 한 해 애완견들을 위해 소요되는 비용이면 국제적 기아 현상을 다 극복하고도 남는다는 것이다. 한쪽은 넘치고, 한쪽은 비어 있다. 진정한 문제는 기근과 가난이 아니다. 나누지 않는 것이다. 우리에게 넘치는 것은 결코 더 쌓아 두라고 주신 것이 아니라 나누라고 주신 것임을 알고 우리의 것을 나눌 수 있어야 한다.

2. 넘치는 것을 나누지 않으면 하나님이 거두어 가실 수 있다.

만일 우리에게 넘치게 하신 것으로 교회 안팎에 있는 비어 있는 그릇을 채우지 않으면 어떻게 될까? 하나님이 다시 거두어 가신다. "적게 심는 자는 적게 거두고 많이 심는 자는 많이 거둔다"(6절). 본문은 넘치는 것을 가지고 다른 사람에게 부어 주는 것을 그냥 허비하는 것이 아니라 심는다고 말씀한다. 열매가 있는 일이라는 것이다. 넘치는 것으로 많이 나누어 주면 많이 거둘 것이고, 적게 나누면 적게 거두게 된다는 것이다. 솔로몬은 "흩어 구제하여도 더욱 부하게 되는 일이 있나니 과도히 아껴도 가난하게 될 뿐이니라"(잠 11:24)고 말했다. 흩어 구제하는데 어떻게 더 부해지고, 아끼는데 어떻게 더 가난하게 되는가?

유명한 신학자이자 의사인 슈바이처와 저명한 실존주의 문학가 카뮈는 거의 동시대에 노벨상을 수상했다. 슈바이처는 1952년에 노벨평화상을 받았고, 카뮈는 1957년에 노벨문학상을 받았다. 두 사람 모두 노벨재단으로부터 큰 상금을 받아 슈바이처는 아프리카 가봉에 나병 전문 병원을 짓는 데 상금을 사용했고, 카뮈는 파리 근교에 자신을 위한 별장을 짓는 데 사용했다. 어느 날 슈바이처가 자신의 상금으로 지은 병원에서 아프리카의 나병 환자들을 돌보던 중 카뮈가 자신의 별장으로 가던 길에 교통사고로 사망했다는 뉴스를 접하게 되었다. 솔로몬의 잠언 말씀처럼, 카뮈는 과도하게 아끼다 가난보다 더한 죽음을 맞게 되었다.

하나님이 우리에게 넘치게 하시는 것들은 우리의 것이 아님을 알고, 내가 채워야 할 빈 잔이 어디 있는지를 살펴 그 잔을 채우자. 그렇지 않으면 하나님은 어떠한 방법으로든 우리의 넘치는 것을 **가져 가실** 수 있으시며, 또 더 이상 넘치게 하지 않으실 수 있다.

3. 넘치는 것을 나눌 때 하나님은 계속 **넘치게** 하신다.

반대로 나누고, 흩어 구제하며, 다른 이들의 필요를 채우는 일을 계속해 간다면 어떠한 결과가 초래될까? "심는 자에게 씨와 먹을 양식을 주시는 이가 너희 심을 것을 주사 풍성하게 하시고 너희 의의 열매를 더하게 하시리니"(10절). 이 말씀에서도 하나님이 우리에게 넘치게 하신 것으로 다른 이들에게 나누는 것을 심는다고 표현한다. 나눔과 구제는 결코 손해 보는 일이 아니라는 것이다. 농부가 씨를 뿌

리고 나서 씨가 없다며 우는 것이 아니라 오히려 그 씨로 인해 생겨
날 수확을 기대하며 즐거워하는 것처럼, 하나님은 우리의 나눔을 열
매가 약속되어 있는 농사로, 파종으로 보신다는 말이다. 그리고 그렇
게 심는 자에게 "**심을 것**을 주사 풍성하게" 하시겠다고 약속하신다.
나누면 나눌수록 더 부어 주신다는 말이다.

1930년대, 미국이 경제공황으로 인해 어려움을 당할 때의 일이다.
주식이 폭락하고, 기업들은 쓰러지고, 은행과 병원, 심지어 대학까지
도 문을 닫아야 했다. 실업자는 1,300만을 넘어섰고, 많은 시민과 가
족들이 거리로 내몰려 노숙자 신세가 되어야 했다. "가난은 나라님
도 어쩔 수 없다"는 말처럼 미국도 그랬다. 그런데 국가도 손을 쓸 수
없는 이때 대안이 된 것은 바로 미국의 그리스도인들이었다. 지역 교
회에 소속된 성도들이 함께 구제 활동을 편 것이다. 뉴욕의 성도들은
교파와 교회를 막론하고 모여 '퍼시픽가드선교회'를 만들어 대공황
기간 동안 25만 명에게 식사를 제공했고, 7만여 명에게 잠자리를 마
련해 주었으며, 13만 명에게 옷을 제공했다고 한다.

하나님은 이러한 나눔을 베풀었던 미국 교회들로 하여금 놀라운
부흥기에 접어들게 하셨다. 이후로 사회가 미국 교회를 다시 인정하
기 시작했고, 미국 교회는 힘을 얻어 국내(미국)를 향해서도 더욱 영향
력을 행사하게 되었으며, 세계적으로도 선교하는 교회로 다시 부상
하게 되었다. 또한 이 일로 인해 국민들은 교회들에게 빚진 것을 잊
지 못하고 있으며, 달러화에 하나님의 이름이 있어도, 대통령이 취임
할 때 성경에 손을 얹는 의식을 해도 용납하는 것이다.

잠언은 이러한 구제에 대해 "가난한 자를 불쌍히 여기는 것은 여

호와께 꾸어 드리는 것이니 그의 선행을 그에게 갚아 주시리라"(잠 19:17)고 말씀한다. 하나님이 우리의 <mark>채무자</mark>가 되시게 하는 비결은 바로 우리의 것을 나누고 구제하는 것이다. 그분으로 하여금 우리에게 갚을 것이 있는 빚진 자처럼 도와야 하는 부담을 지시게 하는 방법이 바로 나눔을 실천하는 것이다. 주님이 우리에게 넘치게 부어 주신 것이 있다면 흩어 구제하자. 그러면 주님은 빚진 자의 마음으로 우리를 돌아봐 주실 것이다.

하나님이 우리에게 당신의 것으로 넘치게 부어 주시는 이유는, 그 넘치는 것으로 다른 빈 잔을 채우라는 뜻이다. 만일 이 일을 하지 않는다면, 하나님은 우리의 넘치는 것을 가져가실 수도 있으며, 더 이상 우리에게 부어 주지 않으실 수도 있음을 기억하자. 그러나 우리가 나누고 흩어 구제하면 하나님은 우리에게 빚진 바가 되셔서 우리를 늘 돕겠다고 약속하셨다. 이 약속을 믿으며 우리에게 넘치게 주신 것들로 지역 사회와 민족과 세계를 향해 더욱 나누고 구제하는 삶을 살자.

· 실천 사항 ·

1. 기아와 결식으로 인해 고통당하는 아이들과 가정들을 위해 기도하자.
2. (바자회를 통해) 지역 주민들에게 나눌 물품을 정리해서 교회에 가져오자.
3. 개인과 가정에서 넘치는 것들을 마음에 꼽아 보고, 어떻게 나눌 수 있을지 기도하며 계획해 보자.

본문은 구제의 연보에 대한 내용을 다루는데, 구제의 이유와 유익을 말하면서 고린도 교인들을 권면한다. 본문을 통해 우리의 것을 교회 안팎의 사람들에게 나누는 삶에 대한 교훈을 살펴보자.

1. 우리의 넘치는 것은 □□□□이 아님을 알아야 한다.
- 하나님이 우리에게 넘치도록 부어 주시는 것은 다른 이들에게 그것이 □□□지도록 하시는 것임을 기억해야 한다.

2. 넘치는 것을 나누지 않으면 하나님이 □□□ 가실 수 있다.
- 하나님이 우리에게 넘치게 하시는 것들로 나누지 않으면, 하나님은 어떠한 방법으로든 우리의 넘치는 것을 □□□□ 수 있으시며, 또 더 이상 넘치게 하지 않으실 수 있다.

3. 넘치는 것을 나눌 때 하나님은 계속 □□□ 하신다.
- 나누어 주는 자, 곧 심는 자에게 주시는 약속은 "□□□을 주사 풍성하게" 하시겠다는 것이다. 나누면 나눌수록 더 부어 주신다는 말이다.

- 하나님이 우리의 □□□가 되시게 하는 비결은 바로 우리의 것
  을 나누고 구제하는 것이다.

하나님이 우리에게 당신의 것으로 넘치게 부어 주시는 이유는, 그
넘치는 것으로 다른 빈 잔을 채우라는 뜻이다. 우리에게 넘치게 주신
것들로 지역 사회와 민족과 세계를 향해 더욱 나누고 구제하는 삶을
살자.

• 실천 사항 •

1. 기아와 결식으로 인해 고통당하는 아이들과 가정들을 위해 기
   도하자.
2. (바자회를 통해) 지역 주민들에게 나눌 물품을 정리해서 교회에 가
   져오자.
3. 개인과 가정에서 넘치는 것들을 마음에 꼽아 보고, 어떻게 나눌
   수 있을지 기도하며 계획해 보자.

〈실천 보고서〉

* 제출자:_____ * 소속:_____구역

* 실천 사항

1. 주간 실천 항목(매일 실천하고 확인해야 하는 항목으로 O, X표 또는 숫자를 기입하라.)

실 천 항 목	본인 확인	지도자 확인
1. 오늘 새벽 기도회에는 참석하셨습니까?	예 / 아니오	
2. 오늘 하루 동안 성경 말씀을 읽었습니까?	(　)장 / 아니오	
3. 오늘 하루 동안 기도를 드리셨습니까?	(　)회 / 아니오	

2. 오늘의 집중 실천 항목(오늘 실천하고 확인해야 하는 항목으로, 실천했으면 해당 번호에 O표 또는 내용을 기입하라.)

   1. 기아와 결식으로 인해 고통당하는 아이들과 가정들을 위해 기도하자.
   2. (바자회를 통해) 지역 주민들에게 나눌 물품을 정리해서 교회에 가져 오자.
   3. 개인과 가정에서 넘치는 것들을 마음에 꼽아 보고, 어떻게 나눌 수 있 을지 기도하며 계획해 보자.

3. 오늘의 다짐과 묵상 노트(오늘 개인적으로 깨닫고 다짐한 내용을 적어 보자.)

   _____

   _____

   _____

* 실천 보고서 평가

   _____

   _____

   _____

14

성수주일 훈련

성경: 누가복음 6:1~5
찬송: 43장(즐겁게 안식할 날)

1안식일에 예수께서 밀밭 사이로 지나가실새 제자들이 이삭을 잘라 손으로 비비어 먹으니 2어떤 바리새인들이 말하되 어찌하여 안식일에 하지 못할 일을 하느냐 3예수께서 대답하여 이르시되 다윗이 자기 및 자기와 함께 한 자들이 시장할 때에 한 일을 읽지 못하였느냐 4그가 하나님의 전에 들어가서 다만 제사장 외에는 먹어서는 안 되는 진설병을 먹고 함께 한 자들에게도 주지 아니하였느냐 5또 이르시되 인자는 안식일의 주인이니라 하시더라

❖ 인도자

요즘처럼 성수주일이 위협받고 있는 때가 과거에 없었던 것 같다. 주5일근무제가 본격화되고 문화와 여가가 삶에서 더욱 중요한 의미를 가지게 되면서 너나없이 주말이 되면 설레는 마음에 어디론가 가야만 할 것 같은 생각이 든다. 그러나 하나님의 말씀은 우리가 살아가고 있는 지금 이때에도 여전히 우리에게 안식일을 거룩히 지키라고 요구하신다. 또한 십계명 역시도 제4계명에서 "안식일을 기억하여 거룩히 지키라"고 말씀한다.

본문을 통해 주님이 제시하시는 주일의 핵심원리를 살펴보자. 또한 왜 우리가 주일을 성수해야 하는지, 성수주일은 어떻게 해야 하는지를 배우고 훈련하자.

1. 주일은 천국에서의 삶의 샘플이다.

예수님은 안식일 규례와 관련해서 바리새인들로부터 공격을 받으셨다. 예수님의 제자들이 밀밭 사이로 지나가다가 허기가 졌는지 이삭을 잘라 손으로 비벼 입에 털어 넣었는데, 밀밭 저편에서 숨어 보고 있던 바리새인들이 이때다 싶어 그것을 꼬투리잡고 나온 것이다. 안식일에 율법으로 금한 일 두 가지, 곧 이삭을 손으로 딴 추수와 손으로 비벼서 이삭을 깐 탈곡을 했다는 것이다.

그때 주님은 바리새인들이 붙들고 있던 구약의 한 사건으로 대답하셨다. 다윗이 시장했을 때 성전에 들어가서 제사장 외에는 먹지 못하는 진설병을 먹었는데 그에 대해 하나님이 진노하시지 않으신 사건이다. 그러고는 말씀을 이으셨다: "인자는 안식일의 주인이니라"(5절). 이 말씀은 너무도 중요하다. 안식일 논쟁에 종지부를 찍은 이 말씀은 안식일, 곧 우리가 매주 지키는 주일의 **대원칙**이라고 할 수 있다. 주일에 대한 중요한 원리들이 여기로부터 나오기 때문이다.

먼저, 이 말씀 안에서 주일은 천국에서의 삶의 샘플이라는 원리를 알게 된다. 안식일의 주인은 인자, 곧 예수 그리스도시다. 이 말은 곧, 주일이란 우리 주님이 온전히 주인 되시는 날이라는 말이다. 예수 그리스도의 주인 되심이 온전히 실현되는 때가 언제인가? 예수님의 주인 되심의 절정은 바로 하나님 나라가 완성되고 천국이 온전히 이루어지는 때다. 그런데 예수님은 당신의 주인 되심이 온전히 이루어지는 날이 그때뿐 아니라 지금 이 땅에도 있는데, 그것이 바로 안식일, 곧 주일이라고 말씀하신다.

주일은 천국 생활의 샘플, 곧 천국에서 지내는 하루를 미리 경험하는 날이다. 그 천성에서 우리 하나님과 함께 누리는 영생을 미리 맛보는 날이다. 바울의 말대로라면, 천국 **시민권**을 온전히 체험하는 날이다. 그렇기에 우리는 이날을 더욱 귀히 여겨야 한다. 주일을 통해서 천국과 영생을 경험할 수 있도록 말이다.

요즘 천국을 경험했다는 사람들이 늘어나고 있다. 그 이야기가 책으로 출간되기도 한다. '옳다, 그르다' 는 평가는 뒤로하고, 다만 그들만 천국을 보는 것이 아님을 기억하자. 주일을 귀하게 여기고 주일을 온전히 지키면 우리 역시도 천국을 보는 것이다.

2. 주일은 특별은총에만 온전히 의지하도록 힘쓰는 날이다.

때때로 성수주일과 관계된 이런 의문들이 생긴다: '주일에 매매를 해도 되는가?', '주일에 여가를 즐겨도 되는가?', '주일에 학원에 가도 되는가?' 이 문제의 답 또한 주님이 말씀하신 본문 속에 있다.

우리는 주일이 천국의 하루를 체험하는 날이라는 사실을 알았다. 그렇기 때문에 이날은 특별은총에 온전히 의지하기를 배우고 힘쓰는 날이 되어야 한다. 이 원리는 중요하다.

하나님의 은총에는 특별은총과 일반은총이 있다. 일반은총이란, "이는 하나님이 그 해를 악인과 선인에게 비추시며 비를 의로운 자와 불의한 자에게 내려주심이라"(마 5:45)는 말씀 안에서 잘 설명되고 있다. 하나님의 자녀의 여부를 떠나서 모든 인류에게 햇빛과 비를 내리시는 것과 같은 하나님의 일반적인 은혜를 말한다. 이 은혜 가운데서 사람들은 문화를 개발하고 문명을 세우는 것이다. 그런데 특별은총은 다르다. 하나님의 백성들에게만 주시는 그야말로 특별한 은혜, 곧 구원의 은혜인 것이다.

주일은 예수님이 온전히 주인 되시는 천국의 날이기 때문에 굳이 세상 사람들이 일반은총 안에서 만든 것들을 매매하거나 의존해서 주일을 지내고 즐거워하는 일들은 합당하지 않다. 주님 안에서 모든 것을 다 누릴 수 있도록 지혜를 모으고 힘쓰는 것이 마땅하다. 교회와 성도의 가정 안에서 천국 생활 연습을 위해 하나님의 품 안에서 즐거워할 수 있는 일들을 찾고 개발하고 함께 누리자.

3. 성수주일의 핵심은 공중예배다.

주일을 천국에서의 하루처럼 지내고 특별은총, 곧 주님의 품에서 모든 것을 다 얻는 날로 삼으려면 주일을 어떻게 지켜야 할까? 바로 공중예배를 축으로 하루를 지내야 한다.

장로회 총회 헌법에 있는 예배 모범을 살펴보자. 공중예배를 중심으로 주일을 지키는 방법을 잘 설명하고 있다. 이 내용을 거울 삼아 성수주일의 모습을 한번 점검해 보자. 이렇게 할 수만 있다면 우리는 천국과 같은 주일을 보낼 수 있고, 특별은총 가운데서 주일을 지낼 수 있게 될 것이다.

첫째, 주일을 기념하는 것은 사람의 당연한 의무이니 미리 육신의 모든 사업을 정돈하고 속히 준비하여 성경에 가르친 대로 그날을 거룩히 함에 구애가 없게 하라.

둘째, 이날은 주일인 즉, 종일토록 거룩히 지킬지니 공동회집으로나 개체로 예배하는 일에 씀이 좋으며, 종일토록 거룩히 안식하고 위급한 일밖에 모든 사무와 육신적 쾌락의 일을 폐할지니 세상 염려와 속된 말도 금함이 옳다.

셋째, 먹을 것까지도 미리 준비하고 이날에는 가족이나 집안 사환으로 공동예배하는 일과 주일을 거룩히 함에 구애가 되지 않도록 함이 옳다.

넷째, 주일 아침에는 개인으로나 혹 권속으로 자기와 다른 사람을 위하여 기도하되 특히 저희 목사가 그 봉직하는 가운데서 복 받기를 위하여 기도하고 성경을 연구하며 묵상함으로 공동 예배에 하나님과 교통하는 것을 준비하라.

다섯째, 개회 때부터 일심 단합함으로 예배 전부에 참여하기 위하여 정한 시간에 일제히 회집함이 옳고 마지막 축복기도할 때까지 특별한 연고 없이는 출입함이 옳지 않다.

여섯째, 이와 같이 엄숙한 태도로 공식 예배를 마친 후에는, 이 날 남은 시간은 기도하며 영적 수양서를 읽되 특별히 성경을 공부하며 묵상하며 성경 문답을 교수하며 종교상 담화하며 시편과 찬송과 신령한 노래를 부를 것이요, 병자를 방문하며 가난한 자를 구제하며 무식한 자를 가르치며 불신자에게 전도하며 경건하고 사랑하며 은혜로운 일을 행함이 옳다.

올림픽이나 세계육상경기대회 중 유독 주일에 열리지 않기로 결정한 경기가 있는데 바로 '4단 뛰기' 다. 영국 4단 뛰기 선수 중 '조나단 에드워드' 라는 선수가 있다. 이는 목사인 그의 아버지가 미국의 18세기 대부흥 운동을 주도한 설교가의 이름을 따서 지어 준 이름이다. 큰 키와 날씬한 체형을 가진 그는 육상선수로 일찍이 두각을 드러내었고, 특히 4단 뛰기에서 타의 추종을 불허하는 선수가 되었다. 그는 국제대회를 휩쓸었으며, 사람들은 그가 뛰는 모습을 보기 위해 이리저리 몰려다녔다. 그런데 경기 중 조나단 에드워드가 예고 없이 빠질 때가 있다는 것을 사람들이 알게 되었다. 육상연맹의 조사 결과 주일예배 때문에 주일에 경기가 있을 때마다 참여하지 않은 것이 밝

혀졌다. 육상연맹은 고민에 빠졌다. 그리고 결정을 내렸다. 조나단 에드워드가 빠진 경기는 반쪽 경기밖에 되지 않기에 경기에 권위가 없어지므로 주일에는 아예 4단 뛰기 경기를 열지 않기로 결정한 것이다. 성수주일은 하나님이 주신 명령이므로, 그 명령을 지키기로 결심하고 힘쓰면 그 뒤는 하나님이 책임져 주신다.

성수주일 여부를 앞에 두고 다른 것을 너무 고려하지 말라. 성수주일을 위해 단순하게 힘쓰라. 그러면 그 다음은 주님이 책임지실 것이며, 우리는 주일의 복을 받게 될 것이다.

주일은 예수 그리스도의 주인 되심이 충만한 날로서 천국에서의 삶의 샘플이며 오직 천국의 것으로 하루를 사는 날이다. 그리고 이날의 가장 중요한 요소는 공적 예배다. 천국 같은 주일을 지내며 영원한 안식을 사모하자.

· 실천 사항 ·

1. 주일 예배 20분 전에 교회에 와서 기도와 말씀 묵상으로 예배를 준비하자.
2. 일반은총의 산물(예: TV, 대중음식점, 극장, 시장 등)을 의지하지 않고 주일을 지내 보자.
3. 주일 오후엔 관심 있는 분야의 경건서적을 찾아 읽어 보자.

　　본문에는 주님이 제시하시는 주일의 ☐☐☐☐가 들어 있다. 이 말씀을 통해 왜 우리가 주일을 성수해야 하는지, 성수주일은 어떻게 해야 하는지를 배우고 훈련하자.

1. 주일은 ☐☐에서의 삶의 ☐☐이다.

- "인자는 안식일의 주인이니라" (5절). 안식일 논쟁에 종지부를 찍은 이 말씀은 안식일, 곧 우리가 매주 지키는 주일의 ☐☐☐이라고 할 수 있다. 주일에 대한 중요한 원리들이 여기로부터 나오기 때문이다.

- 주일은 천국 생활의 샘플, 곧 천국에서 지내는 하루를 미리 경험하는 날이며, 영생을 미리 맛보는 날이고, 천국 ☐☐☐을 온전히 체험하는 날이다.

2. 주일은 ☐☐☐☐에만 온전히 의지하도록 힘쓰는 날이다.

- 주님 안에서 ☐☐☐을 다 누릴 수 있도록 지혜를 모으고 힘쓰는 것이 마땅하다.

3. 성수주일의 핵심은 □□□□다.

- 주일을 천국에서의 하루처럼 지내고 특별은총, 곧 주님의 품에서 모든 것을 다 얻는 날로 삼으려면 주일을 어떻게 지켜야 할까? 바로 공중예배를 □으로 하루를 지내야 한다.

주일은 예수 그리스도의 주인 되심이 충만한 날로서 천국에서의 삶의 샘플이며 오직 천국의 것으로 하루를 사는 날이다. 그리고 이날의 가장 중요한 요소는 공적 예배다. 천국 같은 주일을 지내며 영원한 안식을 사모하자.

• 실천 사항 •

1. 주일 예배 20분 전에 교회에 와서 기도와 말씀 묵상으로 예배를 준비하자.
2. 일반은총의 산물(예: TV, 대중음식점, 극장, 시장 등)을 의지하지 않고 주일을 지내 보자.
3. 주일 오후엔 관심 있는 분야의 경건서적을 찾아 읽어 보자.

〈실천 보고서〉

* 제출자:_____ * 소속:_____구역

* 실천 사항

1. 주간 실천 항목(매일 실천하고 확인해야 하는 항목으로 O, X표 또는 숫자를 기입하라.)

실 천 항 목	본인 확인	지도자 확인
1. 오늘 새벽 기도회에는 참석하셨습니까?	예 / 아니오	
2. 오늘 하루 동안 성경 말씀을 읽었습니까?	( )장 / 아니오	
3. 오늘 하루 동안 기도를 드리셨습니까?	( )회 / 아니오	

2. 오늘의 집중 실천 항목(오늘 실천하고 확인해야 하는 항목으로, 실천했으면 해당 번호에 O표 또는 내용을 기입하라.)

   1. 주일 예배 20분 전에 교회에 와서 기도와 말씀 묵상으로 예배를 준비하자.
   2. 일반은총의 산물(예: TV, 대중음식점, 극장, 시장 등)을 의지하지 않고 주일을 지내 보자.
   3. 주일 오후엔 관심 있는 분야의 경건서적을 찾아 읽어 보자.

3. 오늘의 다짐과 묵상 노트(오늘 개인적으로 깨닫고 다짐한 내용을 적어 보자.)

   _____
   _____
   _____

* 실천 보고서 평가

   _____
   _____
   _____

15

축복 훈련

성경: 사무엘상 18:1~5

찬송: 218장(네 맘과 정성을 다하여서)

1다윗이 사울에게 말하기를 마치매 요나단의 마음이 다윗의 마음과 하나가 되어 요나단이 그를 자기 생명 같이 사랑하니라 2그 날에 사울은 다윗을 머무르게 하고 그의 아버지의 집으로 다시 돌아가기를 허락하지 아니하였고 3요나단은 다윗을 자기 생명 같이 사랑하여 더불어 언약을 맺었으며 4요나단이 자기가 입었던 겉옷을 벗어 다윗에게 주었고 자기의 군복과 칼과 활과 띠도 그리하였더라 5다윗은 사울이 보내는 곳마다 가서 지혜롭게 행하매 사울이 그를 군대의 장으로 삼았더니 온 백성이 합당히 여겼고 사울의 신하들도 합당히 여겼더라 교회, 곧 성도들의 모임이 세상의 모임과 다른 점은 무엇인가? 여러 가지가 있겠지만 그중 하나가 바로 축복의 여부일 것이다. 세상의 다른 모임들은 할 수 있는 대로 경쟁을 일삼고 다른 사람의 복을 내 것으로 삼고자 한다. 그러나 교회는 그렇지 않다. 서로를 향해 하나님의 복을 빌고 나누며 서로를 온전한 사람으로 세우는 데 중요한 목적이 있다. 그런데 오늘날 교회들이 이 일을 잘 감당하지 못하고 있다. 축복하는 데 인색해져 가는 것 같다. 아름답고 건강한 교회를 이루려면 축복이 회복되어야 한다.

축복이라는 도구로 양치기 소년 다윗을 이스라엘의 왕으로 세우는 데 지대한 역할을 한 요나단의 삶을 통해 우리 또한 축복으로 우리 주변 사람들을 세울 수 있도록 배우고 훈련하자.

1. 사람의 미래를 보라. 그의 비전을 알아주라.

다윗과 요나단이 운명적으로 만났다. 블레셋과의 전투에서 적장 골리앗을 죽이고 그 군대를 섬멸시킨 다윗이 왕궁으로 부름을 받아 사울 왕의 접견을 받고 있다. 그때 사울 왕의 아들 "요나단의 마음이 다윗의 마음과 하나가" 되었다. 마음이 통하게 된 것이다. 다윗이 사울 왕의 접견을 마치고 나서 요나단과 대면하게 되었을 때 요나단의 행동이 우리의 주목을 끈다: "요나단이 자기가 입었던 겉옷을 벗어 다윗에게 주었고"(4절). 겉옷을 왜 벗어 주었을까? 당시 겉옷이 어떤 의미를 가지고 있었는가를 알면 이 행동을 이해할 수 있다. 그 당시 겉옷이란 언제나 직분, 곧 신분을 표시했다. 그렇다면 요나단의 겉옷은 사울 왕의 후계자, 곧 황태자를 의미하는 것이다. 그런데 그것을 벗어 주었다. 이것은 자기가 입고 있던 좋은 옷을 선물로 주었다는 정도의 의미가 아니다. 왕의 후계자, 곧 왕이 될 자격을 그에게 주었다는 말이다.

왕의 비전은 누구의 비전인가? 하나님이 다윗에게 주신 비전이다. 요나단은 바로 이러한 다윗의 비전을 알고 인정해 주었다는 것이다. 그가 그의 겉옷을 벗어 다윗에게 준 것은 다윗에게 있는 비전, 곧 이스라엘의 왕의 비전을 인정한 것이라는 말이다. 서로의 미래를 보고 서로가 가진 비전을 인정하는 것, 이것이 바로 성도들과 우리 주변에 있는 가족과 이웃들을 축복하는 첫 번째 원리다. 이러한 축복이 있는 교회와 가정 안에서 사람들은 예수님의 분량까지 성숙할 수 있다.

그렇다면 사람들을 바라보는 우리의 눈은 그들의 무엇을 보는가? 그리고 무엇을 보려 하는가? 그들이 지금 가진 모습 혹은 그들의 과거만을 본다면 우리 주변에서는 사람이 자랄 수 없다. 예수님의 사람이 만들어지지 않는다. 미래를 보고 그의 비전을 보는 눈은 하나님의 눈이다. 예수님은 시몬을 보며 그 안에서 교회를 세울 큰 반석, 곧 베드로를 보셨다. 하나님은 타작마당에서 밀을 타작하던 기드온을 보시며 "큰 용사여"라고 부르셨다. 우리에게도 이러한 눈이 있어야 한다. 미래에 대한 기대의 눈으로 바라보고 인정해 줄 때 교회와 가정 안에서 사람들이 성장할 수 있다.

우리가 이렇게 할 수 있는 것은 상대방이 믿을 만해서가 아니라 그 사람을 위해 일하시는 하나님을 믿기 때문이다. 그 사람의 과거와 상관없이 하나님은 그를 사용할 수 있으시다. 그가 어떠한 모습을 하고 있든 하나님은 그를 놀라운 신앙의 위인으로 만드실 수 있다. 이러한 하나님을 신뢰하면서 축복하는 삶을 살자.

2. 서로에게 복의 흔적을 남기라.

요나단이 다윗에게 준 것은 그것만이 아니었다: "자기의 군복과 칼과 활과 띠도 그리하였더라"(4절). '군복과 칼과 활과 띠'는 전투하는 사람을 무장하는 도구들이다. 그런데 왜 요나단은 무장에 필요한 물건들을 다윗에게 주었을까? 당시 고대 근동에서 왕의 요건으로 가장 중요한 것 중 하나가 바로 전쟁 능력이었다. 당시 이스라엘 사람들이 "사울이 죽인 자는 천천이요 다윗은 만만이로다"(삼상 18:7)라고 외친 것도 이러한 이유에서다. 요나단은 바로 이러한 점에서 다윗을 도왔던 것이다. 그가 그의 군장(軍葬)들을 다윗에게 준 것은 다윗이 왕이 됨에 있어서 필수적인 부분에 실제로 도움을 주었다는 것을 뜻한다.

요나단은 다윗의 앞날만 축복한 것이 아니다. 실제로 그에게 축복의 흔적을 남겼다. 말로 전하는 축복은 약간의 용기만 있다면 할 수 있다. 그러나 축복을 흔적으로 남기는 것은 다른 문제다. 아마도 다윗은 왕의 일을 감당하는 내내 요나단이 주었던 '군복과 칼과 활과 띠'를 기억했을 것이다. 전쟁을 할 때마다 그것을 만지며, '이것은 요나단이 내게 준 것이다' 생각하며 힘을 얻었을 것이다.

우리에게도 이러한 나눔이 있어야 한다. 하나님이 우리를 한 공동체 안에서 만나게 하신 것은 서로에게 복의 흔적을 남기고, 서로가 하나님의 사람으로 서는 데 **역할**을 하게 하시기 위함이다. 지금 구역장을 맡고 있는가? 함께 교제하면서 구역원들에게 복의 흔적을 남기라. 그래서 그들로 하여금, "내가 하나님의 사람으로 성숙함에 있어서 이런 점은 그 구역장님을 통해 이루어졌지" 하는 고백이 있게 하라. 교사인가? 우리가 받은 복의 흔적이 성장하는 다음세대들에게 남게 하라.

당신은 어떤 흔적을 남기고 있는가? 복된 흔적을 남기고 있는가, 아니면 하나님이 붙여 주시는 사람마다 상처를 남기고 있는가? 우리 가족과 주변 사람들이 하나님의 사람으로 자라날 수 있도록 축복하고 복을 전하는 구체적인 수고를 할 수 있어야 한다. 기도로, 권면으로, 격려로, 따뜻한 편지로, 위로와 격려가 담긴 안부 전화로 복의 흔적을 남겨 보자.

3. 서로를 향해 요나단이 되겠다고 **약속**하라.

요나단과 다윗이 서로 아름다운 약속을 한다: "요나단은 다윗을 자기 생명 같이 사랑하여 더불어 언약을 맺었으며"(3절). 서로를 자기 생명과 같이 여기며 사랑하고 복을 나누자고 약속하는 것이다. 이것은 축복 훈련에서 매우 중요한 원리다. 우리 역시 교회 안에서 하나되게 하신 성도들을 향해 이와 같이 **축복하는 사람**이 되겠다고 약속해야 한다.

우리 인생에 있어 약속이란 중요하다. 약속하지 않고 본성에 맡긴 다면 우리의 본성은 점점 더 악한 쪽으로 미끄러진다. 본성에 맡겨 놓으면 우리는 결코 축복의 마음, 축복의 입술, 축복의 손길을 가질 수 없다. 그렇기 때문에 축복의 사람이 되겠다고 약속하는 것이 중요 하다.

공동체 안에서 축복하는 사람이 되기로 약속하면 놀라운 일이 생 긴다. 비닐하우스를 생각해 보라. 비닐하우스에서는 겨울에도 여름 과일을 만들어 낼 수 있다. 그 안에서 과일이 자라는 데 필요한 일조 량을 인공적인 조명과 열로 계속 공급해 주기 때문이다. 마찬가지로 우리가 교회를 축복하는 열기와 열정으로 가득 채우면 교회 안에서 하나님의 열매들이 무럭무럭 자라게 된다.

일개 양치기 목동이 이스라엘의 왕이 되도록 지대한 역할을 했던 요나단. 그가 다윗을 그토록 훌륭하게 세우게 된 도구는 바로 축복이 었다. 성도들과 가족들에게 있어 요나단 같은 사람이 되자. 요나단처 럼 사람의 미래를 보자. 비전을 알아주자. 그리고 입과 손으로 구체 적으로 축복하자.

· 실천 사항 ·

1. '축복하는 마음', '축복하는 입술', '축복하는 손'을 달라고 기 도하자.
2. 오늘 하루 중 세 명 이상에게 "당신을 축복하는 사람이 되겠습

니다" 라고 약속하자.

3. 축복의 입술로 복을 빌고자 하는 사람들을 적어 보자. 그리고
실천해 보자.

_____

_____

_____

　서로를 향해 하나님의 복을 빌고 나누며 서로를 온전한 사람으로 세우는 데 중요한 목적이 있는 축복 훈련. 축복이라는 도구로 양치기 소년 다윗을 이스라엘의 왕으로 세우는 데 지대한 역할을 한 요나단의 삶을 통해 우리 또한 축복으로 우리 주변 사람들을 세울 수 있도록 배우고 훈련하자.

1. 사람의 □□를 보라. 그의 □□을 알아주라.

- 요나단이 그의 겉옷을 벗어 다윗에게 준 것은 다윗에게 있는 비전, 곧 이스라엘의 왕의 비전을 □□한 것이라는 말이다.
- 서로의 미래를 보고 서로가 가진 비전을 인정하는 교회와 가정 안에서 사람들은 예수님의 분량까지 □□할 수 있다.

2. 서로에게 복의 □□을 남기라.

- 요나단이 그의 군장(軍葬)들을 다윗에게 준 것은 다윗이 왕이 됨에 있어서 필수적인 부분에 실제로 □□을 주었다는 것을 뜻한다. 실제로 그에게 축복의 흔적을 남겼다.
- 하나님이 우리를 한 공동체 안에서 만나게 하신 것은 서로에게

복의 흔적을 남기고, 서로가 하나님의 사람으로 서는 데 ☐☐을
하게 하시기 위함이다.

3. 서로를 향해 요나단이 되겠다고 ☐☐하라.
- 교회 안에서 하나 되게 하신 성도들을 향해 이와 같이 ☐☐☐☐
  ☐☐이 되겠다고 약속해야 한다.

일개 양치기 목동이 이스라엘의 왕이 되도록 지대한 역할을 했던
요나단. 그가 다윗을 그토록 훌륭하게 세우게 된 도구는 바로 축복이
었다. 성도들과 가족들에게 있어 요나단 같은 사람이 되자. 요나단처
럼 사람의 미래를 보자. 비전을 알아주자. 그리고 입과 손으로 구체
적으로 축복하자.

· 실천 사항 ·

1. '축복하는 마음', '축복하는 입술', '축복하는 손'을 달라고 기
   도하자.
2. 오늘 하루 중 세 명 이상에게 "당신을 축복하는 사람이 되겠습
   니다"라고 약속하자.
3. 축복의 입술로 복을 빌고자 하는 사람들을 적어 보자. 그리고
   실천해 보자.

_____
_____
_____

〈실천 보고서〉

* 제출자:_____ * 소속:_____구역

* 실천 사항
1. 주간 실천 항목(매일 실천하고 확인해야 하는 항목으로 O, X표 또는 숫자를 기입하라.)

실 천 항 목	본인 확인	지도자 확인
1. 오늘 새벽 기도회에는 참석하셨습니까?	예 / 아니오	
2. 오늘 하루 동안 성경 말씀을 읽었습니까?	(　)장 / 아니오	
3. 오늘 하루 동안 기도를 드리셨습니까?	(　)회 / 아니오	

2. 오늘의 집중 실천 항목(오늘 실천하고 확인해야 하는 항목으로, 실천했으면 해당 번호에 O표 또는 내용을 기입하라.)

　1. '축복하는 마음', '축복하는 입술', '축복하는 손' 을 달라고 기도하자.
　2. 오늘 하루 중 세 명 이상에게 "당신을 축복하는 사람이 되겠습니다" 라고 약속하자.
　3. 축복의 입술로 복을 빌고자 하는 사람들을 적어 보자. 그리고 실천해 보자.

　　_____
　　_____
　　_____

3. 오늘의 다짐과 묵상 노트(오늘 개인적으로 깨닫고 다짐한 내용을 적어 보자.)

　　_____
　　_____
　　_____

* 실천 보고서 평가

　　_____
　　_____
　　_____

16

중보 훈련

성경: 출애굽기 17:8~13

찬송: 539장(너 예수께 조용히 나가)

8그 때에 아말렉이 와서 이스라엘과 르비딤에서 싸우니라 9모세가 여호수아에게 이르되 우리를 위하여 사람들을 택하여 나가서 아말렉과 싸우라 내일 내가 하나님의 지팡이를 손에 잡고 산 꼭대기에 서리라 10여호수아가 모세의 말대로 행하여 아말렉과 싸우고 모세와 아론과 훌은 산 꼭대기에 올라가서 11모세가 손을 들면 이스라엘이 이기고 손을 내리면 아말렉이 이기더니 12모세의 팔이 피곤하매 그들이 돌을 가져다가 모세의 아래에 놓아 그가 그 위에 앉게 하고 아론과 훌이 한 사람은 이쪽에서, 한 사람은 저쪽에서 모세의 손을 붙들어 올렸더니 그 손이 해가 지도록 내려오지 아니한지라 13여호수아가 칼날로 아말렉과 그 백성을 쳐서 무찌르니라 이스라엘 백성들이 가나안을 향해 순례하는 여정이 계속 이어지고 있다. 홍해를 건너서 아라비아 반도를 지나오다가 세 번째 광야 르비딤에 당도했을 때다. 거기에는 아말렉이라는 호전적인 종족이 진을 치고 기다리고 있었다. 아말렉이란 뜻은 히브리어로 '전쟁을 좋아하다' 라는 의미인데, 그 이름에 걸맞게 그들은 가나안을 향해 가고 있는 이스라엘 앞에 선전포고를 하며 달려들고 있다. 그런데 이때 모세와 여호수아를 비롯한 이스라엘 백성들은 기도와 전투라는 양동작전을 써서 아말렉에게서 크게 승리하게 된다.

영적인 의미에서 가나안을 찾아가고 있는 우리도 그 길에서 아말렉과 같은 어려움을 많이 만나게 된다. 그럴 때 어떻게 승리할 수 있는가는 우리에게도 중요한 문제다. 모세와 여호수아가 행한 승리의 방법, 곧 중보기도와 함께 일하는 원리를 살펴보자.

1. 주의 일에는 기도의 분량이 채워져야 한다.

성도가 하나님의 일을 하는 것은 세상 사람들이 세상일을 하는 것과는 다르다. 세상 사람들은 그저 자기를 위해 살아가고 일하지만, 성도들은 하나님의 영광을 위해 살고 일하기 때문이다. 성도가 하는 일, 곧 주의 영광을 위한 일은 기도의 분량이 채워져야 한다.

아말렉과의 전투에 임하는 여호수아를 보라. 여호수아의 힘의 근원이 어디에 있는가? 그의 힘은 바로 모세의 기도에 있다. 모세의 기도가 여호수아의 능력을 좌우하고 있다. 모세가 기도의 분량을 채우지 않으면 여호수아의 손에도 더 이상 힘이 공급되지 않았다. 실제로 모세가 기도에 힘쓰지 못하면 여호수아의 힘도 빠지고, 모세가 기도에 힘쓰면 여호수아에게도 힘이 생겨났다: "모세가 손을 들면 이스라엘이 이기고 손을 내리면 아말렉이 이기더니"(11절).

건전지가 들어 있는 기계제품들을 생각해 보라. 건전지가 충분히 충전되어 있으면 그 기계의 기능이 온전히 발휘될 수 있다. 그러나 충전이 충분하지 않으면 기계가 기능을 제대로 발휘하지 못한다. 여호수아의 능력과 모세의 기도가 이와 같았다. 이처럼 주님의 영광을 위해 하는 기독교적인 일, 성도의 일에도 **에너지**가 필요한데 그것이 바로 기도다. 기도의 분량이 채워지지 않는 일들은 주님의 영광을 드러내기에 **역부족**이다.

주의 영광을 위해 계획하고 행하는 일들이 있는가? 가정에서 새로운 사업을 시작했는가? 직장을 옮기려 하는가? 이 모든 일들에서 주의 영광이 나타나게 하려면 기도의 분량이 채워져야 한다. 기억하라. 주의 이름을 위해 하는 일들 중에 승리가 없는 이유는 아말렉과 같은 세상의 장해물 때문이 아니다. 어차피 세상은 우리 편이 아니다. 세상은 우리를 가만두지 않는다. 우리는 이것을 잘 알고 있다. 진정으로 승리하지 못하는 이유는 세상의 방해 때문이 아니라 가정, 직장, 학업과 사역에 있어서 세상의 방해도 이길 만큼의 넉넉한 기도의 분량이 채워지지 않았기 때문이다.

기도의 분량을 채우라. 기도의 건전지를 충분히 충전하라. 그러면 주의 영광을 위해 하는 모든 일들마다 넘치는 능력이 나타나게 될 것이다.

2. 누군가는 그 기도의 분량을 채우는 중보기도자가 되어야 한다.

그러면 기도의 분량을 채우기 위해서는 어떻게 해야 할까? 본문에 나오는 두 주인공들의 행적을 살펴보자.

> "모세가 여호수아에게 이르되 우리를 위하여 사람들을 택하여 나가서 아말렉과 싸우라 내일 내가 하나님의 지팡이를 손에 잡고 산 꼭대기에 서리라"(9절).

여호수아는 사람들을 이끌고 싸움을 하기 위해 나아갔다. 그런데 모세는 여호수아와 그 군대들과 다른 방향으로 가고 있다. 그가 향한 곳이 어디인가? 산꼭대기다. 여호수아와 그를 따르는 군사들이 전투하면서 실제로 기도의 분량을 채우기 어려웠기에 모세가 대신해서 그 기도의 분량을 채우려 했다. 결과적으로 모세의 기도를 통해 그 분량이 충전되자 이스라엘 군대 편에서 큰 힘을 얻게 되었다. 이것이 무슨 기도일까? 바로 중보기도다. 사랑하는 사람들과 하나님의 일을 하는 사람들, 그들이 실제로 하는 일 가운데서 기도의 분량을 다 채울 수 없을 때 그 주변에 있는 성도들이 그들을 위해 기도의 분량을 대신 채우는 거룩한 헌신, 이것이 바로 중보의 기도다.

그런데 문제가 생겼다. 모세도 인간인지라 기도의 손을 계속 들고 있을 수는 없었다. 팔이 뻐근하게 저려서 손이 저절로 내려오자 어떤 일이 생겼는가? 이스라엘이 아말렉에게 밀리게 되었다. 이러한 상황을 지켜보고 있던 아론과 홀의 행동을 보라: "모세의 팔이 피곤하매 그들이 돌을 가져다가 모세의 아래에 놓아 그가 그 위에 앉게 하고 아론과 홀이 한 사람은 이쪽에서, 한 사람은 저쪽에서 모세의 손을 붙들어 올렸더니 그 손이 해가 지도록 내려오지 아니한지라"(12절). 모세의 손이 내려오지 않도록 붙들고 섰다. 중보기도에서 실패하지 않도록 도왔다. 그 결과 이스라엘이 승리하게 되었다: "여호수아가 칼날로 아말렉과 그 백성을 쳐서 무찌르니라"(13절).

이처럼 우리 앞에 있는 아말렉과 같은 문제를 극복하면서 힘차게 나아가려면 누군가는 중보기도자로 서 있어야 한다. 우리 주변에서 주의 일을 감당하는 사람들에게 힘을 공급해 주어야 한다.

3. 중보의 기도는 원격조종기와 같다.

본문을 통해 배울 수 있는 또 하나의 중보기도 원리는 성도의 중보기도와 그 기도의 도움을 받는 사람들과의 관계에서 어떤 일이 일어나는가이다. 모세와 여호수아는 장소적으로 떨어져 있었다. 여호수아는 전쟁하는 광야에, 모세는 산꼭대기 있었다. 그러나 그렇게 떨어져 있는 두 사람의 손이 마치 한 사람의 손인 양 모세의 기도하는 손과 여호수아의 칼을 든 손이 함께 내려지고 올려진다. 이런 의미에서 모세의 중보기도는 그 기도의 도움을 받고 있는 여호수아에 대해 소위 원격조종의 기능을 한다는 것을 알 수 있다. 쉽게 말해 리모컨의 역할을 한다는 것이다.

우리의 중보기도도 마찬가지다. 우리가 기도로 돕는 누군가에게 힘을 더할 수 있다. 그러므로 우리의 원격조종을 받아야 할 사람, 우리의 중보기도를 필요로 하는 여호수아가 있다면 그를 위해 중보기도의 리모컨을 사용하자. 우리의 중보기도를 통해 그의 수고를 도울 수 있다. 그에게 힘을 더할 수 있으면 더 나아가 우리가 직접 그 일을 하는 것 같은 효과도 생겨날 수 있다. 믿음이 부족해 보인다면 믿음을 위해 원격조종하라. 실력에 대해 불안함이 있다면 그의 능력을 위해 원격조종하라. 건강에 문제가 있다면 건강을 위해 원격조종하라.

우리는 지금 어려운 시대를 살고 있다. 가나안을 향해 나아가려는데 아말렉이 마주 선 것 같은 상황에서 어떻게 해야 할까? 중보기도의 리모컨을 잃어버리지 말아야 한다.

성도가 하나님의 영광을 위해 행하는 일들에는 기도의 분량이 필요하다. 기도가 성도의 일의 에너지이기 때문이다. 이 분량은 중보기도의 위력을 아는 우리가 채워야 한다. 그래서 우리 주변에서 하나님의 일을 위해 애쓰는 가족들, 성도들, 사역자들에게 큰 힘을 공급해야 한다. 그럴 때 우리 앞에 있는 아말렉은 무력해질 것이고, 가나안을 향한 우리의 순례에 더욱 힘이 날 것이다.

• 실천 사항 •

1. 중병으로 고통당하는 성도들을 위해 중보기도하자.
2. 우리 주변에서 중보기도를 필요로 하는 사람들의 이름과 기도

제목을 적어 보자.

_____

_____

_____

3. 가족과 성도들의 기도 제목을 받아 기도하자.

이스라엘 백성들이 가나안을 향해 순례하는 여정 중에 르비딤 광야에서 아말렉이라는 종족과 전쟁을 치르게 된다. 그런데 이때 모세와 여호수아를 비롯한 이스라엘 백성들은 기도와 전투라는 ☐☐☐☐을 써서 아말렉에게서 크게 승리하게 된다. 모세와 여호수아가 행한 승리의 방법, 곧 중보기도와 함께 일하는 원리를 살펴보자.

1. 주의 일에는 기도의 ☐☐이 채워져야 한다.

- 주님의 영광을 위해 하는 기독교적인 일, 성도의 일에도 ☐☐☐가 필요한데 그것이 바로 기도다. 기도의 분량이 채워지지 않는 일들은 주님의 영광을 드러내기에 ☐☐☐이다.

2. 누군가는 그 기도의 분량을 채우는 ☐☐☐☐☐가 되어야 한다.

- 모세의 기도를 통해 그 분량이 충전되자 이스라엘 군대 편에서 큰 힘을 얻게 되었다. 이것이 바로 ☐☐☐☐다. 사랑하는 사람들과 하나님의 일을 하는 사람들, 그들이 실제로 하는 일 가운데서 기도의 분량을 다 채울 수 없을 때 그 주변에 있는 성도들이 그들을 위해 기도의 분량을 ☐☐ 채우는 거룩한 헌신, 이것이 바로

중보의 기도다.

3. 중보의 기도는 ☐☐☐☐☐와 같다.

- 이런 의미에서 모세의 중보기도는 그 기도의 도움을 받고 있는 여호수아에 대해 소위 원격조종의 기능을 한다는 것을 알 수 있다. 쉽게 말해 ☐☐☐의 역할을 한다는 것이다.

성도가 하나님의 영광을 위해 행하는 일들에는 기도의 분량이 필요하다. 기도가 성도의 일의 에너지이기 때문이다. 이 분량은 중보기도의 위력을 아는 우리가 채워야 한다. 그래서 우리 주변에서 하나님의 일을 위해 애쓰는 가족들, 성도들, 사역자들에게 큰 힘을 공급해야 한다.

• 실천 사항 •

1. 중병으로 고통당하는 성도들을 위해 중보기도하자.
2. 우리 주변에서 중보기도를 필요로 하는 사람들의 이름과 기도 제목을 적어 보자.

    _____

    _____

    _____

3. 가족과 성도들의 기도 제목을 받아 기도하자.

〈실천 보고서〉

* 제출자:_____ * 소속:_____구역

* 실천 사항

1. 주간 실천 항목(매일 실천하고 확인해야 하는 항목으로 O, X표 또는 숫자를 기입하라.)

실 천 항 목	본인 확인	지도자 확인
1. 오늘 새벽 기도회에는 참석하셨습니까?	예 / 아니오	
2. 오늘 하루 동안 성경 말씀을 읽었습니까?	( )장 / 아니오	
3. 오늘 하루 동안 기도를 드리셨습니까?	( )회 / 아니오	

2. 오늘의 집중 실천 항목(오늘 실천하고 확인해야 하는 항목으로, 실천했으면 해당 번호에 O표 또는 내용을 기입하라.)

   1. 중병으로 고통당하는 성도들을 위해 중보기도하자.
   2. 우리 주변에서 중보기도를 필요로 하는 사람들의 이름과 기도 제목을 적어 보자.

_____
_____
_____

   3. 가족과 성도들의 기도 제목을 받아 기도하자.

3. 오늘의 다짐과 묵상 노트(오늘 개인적으로 깨닫고 다짐한 내용을 적어 보자.)

_____
_____
_____

* 실천 보고서 평가

_____
_____
_____

17

관계 훈련

성경: 디모데후서 2:1~4

찬송: 353장(십자가 군병 되어서)

1내 아들아 그러므로 너는 그리스도 예수 안에 있는 은혜 가운데서 강하고 2또 네가 많은 증인 앞에서 내게 들은 바를 충성된 사람들에게 부탁하라 그들이 또 다른 사람들을 가르칠 수 있으리라 3너는 그리스도 예수의 좋은 병사로 나와 함께 고난을 받으라 4병사로 복무하는 자는 자기 생활에 얽매이는 자가 하나도 없나니 이는 병사로 모집한 자를 기쁘게 하려 함이라

　교회 안에서 하나 되게 하신 성도들 간에 어떠한 관계의 인식을 가져야 할까? 그리고 실제로 어떻게 관계를 맺어 가야 할까? 본문 말씀은 이에 대한 좋은 교훈을 준다. 사도 바울은 성도들과의 관계에서 서로가 '하나님의 **병사**' 요, '그리스도의 **군대**' 라는 인식이 중요하다고 말한다. 성도 한 사람 한 사람이 스스로를 '하나님의 병사', '그리스도의 군대' 라는 의식을 강하게 할 때 유익하고 복된 관계가 형성된다는 것이다. 병사의 원리 안에서 성도의 관계에 대해 상고하고 훈련하면서 더욱 아름답고 복된 관계가 있는 건강한 공동체로 세워 가자.

1. 병사의 인식이 있을 때 하나의 목표를 향해 뭉치게 된다.

　'우리 모두가 하나님의 병사요, 주님의 군대' 라는 인식을 가지는 것이 왜 중요한가? 먼저는, 하나의 목적을 향해 뭉칠 수 있기 때문이다. 하나의 공동체를 이루는 사람들이 제각기 생각이 다르고 자기의 이기적인 유익에만 착념한다면 그 공동체는 모인 사람들에게 유익을 줄 수도 없고, 오래 지속될 수도 없다. 하나의 분명한 목적과 취지를 가지고 모여야만 큰일도 할 수 있고, 모인 사람들에게 유익을 끼칠 수 있다.

교회도 마찬가지다. 한 교회의 울타리 안에 모인 성도들이 서로 다른 생각과 기대만을 가지고 있다면, 그리고 자기에게 유익한 것에만 골몰한다면 그 교회는 절대로 아름답고 유익한 공동체, 하나님 앞에 기쁨이 되는 공동체가 될 수 없다. 하나의 올바른 목적으로 뭉칠 때 힘을 가질 수 있고, 참여하는 사람들에게 유익을 주며, 나아가 하나님 앞에 큰 영광을 드리낼 수 있다.

그렇다면 어떻게 해야 할까? 바울의 말을 살펴보자: "병사로 복무하는 자는 자기 생활에 얽매이는 자가 하나도 없나니 이는 병사로 모집한 자를 기쁘게 하려 함이라"(4절). 바울이 살던 당시 고대 근동에서는 개인이 군대를 모집할 수 있었다. 이것을 용병제도 혹은 사병제도라고 하는데, 그 시작을 거슬러 올라가 보면 아브라함에까지 이른다. 아브라함도 그러한 유사한 조직을 가지고 있었고 실제로 조카 롯을 구하기도 했다. 에서 역시도 동생 야곱에게 복수하기 위해 400명의 군사를 거느리고 기다렸다.

사도 바울은 이러한 용병과 사병의 예를 들면서 성도의 관계 인식을 새롭게 한다. 병사라는 인식을 바로 가질 때, 진정한 병사의 마음과 정신을 가질 때 그 모집한 자를 기쁘게 한다고 했다. 이것이 바로 병사의 인식을 가지게 될 때 생겨나는 유익한 점이라는 것이다. 하나의 공통된 목표, 곧 우리를 병사로 불러 세워 주신 하나님을 기쁘시게 하는 하나의 거룩한 목적을 향해 똘똘 뭉칠 수 있게 된다는 것이다. 어떤 설교자가 이런 말을 했다: "한 사람의 꿈은 한낱 야망일 수 있다. 그러나 천 사람이 꾸는 하나의 꿈은 현실이다." 교인들이 하나의 꿈으로 뭉치면 놀라운 역사가 현실이 된다.

당신은 지금 교회 안에서 어떤 생각을 하고 있는가? 교회를 향해 가진 기대가 무엇인가? 교회와 더불어 무슨 꿈을 꾸고 있는가? 하나의 목표를 바라봐야 한다. 그러기 위해 병사의 의식을 가져야 한다. 그럴 때 병사로 모집하신 하나님의 영광이라는 한 목표를 바라보며 일치단결할 수 있다.

자신을 구경꾼으로 생각하지 말라. 관객이라고도 생각하지 말라. 병사라고 생각하라. 그러면 진정으로 하나 안에 들어올 수 있다. 하나의 목표를 바라보고 뭉치는 무서운 팀이 될 수 있다.

2. 병사의 인식이 있을 때 뛰어난 사람을 인정하고 활용할 수 있다.

교회에서 일하다 보면 성도들과의 관계 안에서 많은 어려움이 온다. 말씀이 잘 이해되지 않거나 기도의 응답이 적음으로 인한 어려움은 오히려 하나님 앞에 더 간절하게 나아가고자 하는 동기가 될 수 있다. 그러나 사람들과의 관계에서 생기는 문제는 참 어렵다. 특히 이런 관계의 어려움이 소위 비교의식에서 비롯되어질 때면 더욱 어렵다.

신앙생활을 하다 보면 개인의 특성과 은사에 따라 다양한 면에서 자기보다 나은 사람들을 볼 때가 있다. 그런데 이런 것들에 걸려 넘어지는 성도들이 있다. 자기보다 더 나은 은사를 가지고 일하는 사람이 있으면 시기하게 된다. 자기보다 다른 성도가 더 실력을 가지고 있다 싶으면 질투하게 된다. 또 어떤 경우는, 자기보다 더 많은 헌금을 드리는 성도들을 볼 때 억지로 그것을 폄하하기도 한다. 물론 연약한 인생이기에 그러한 실수를 범할 수도 있다. 그러나 주님의 몸 된 교회가 늘 그럴 수는 없다. 이럴 때 어떻게 해야 할까? 이러한 관계에서 필요한 것이 바로 '우리는 함께 병사 된 자' 라는 인식과 마음가짐이다.

우리가 치열한 전쟁터에 군대로 파병되었다고 가정해 보자. 우리와 함께 병사 된 자들 중에 우리보다 어떤 면에서 더 나은 사람이 있다면 어떤 마음이 들겠는가? 시기하고 질투하겠는가? 상관에게 가서 그를 악의적으로 깎아 내려 그를 다른 부대로 전출시키겠는가? 아니다. 오히려 감사할 것이다. 그가 있어서 오히려 마음이 든든해질 것이다. 그리고 그의 특기가 잘 나타날 수 있도록 최대한 배려할 것이다. 만일 이렇게 하지 않으면 어떻게 되겠는가? 우리 편 전력(戰力)에 엄청난 손실이 오게 된다. 그리고 결국엔 전투에서 패배하고 나를 포함한 우리 편은 포로가 되거나 죽거나 할 것이다. 그 손해가 바로 나에게 오는 것이다.

진정한 병사의 의식을 가지면 나보다 더 탁월하고 뛰어난 성도들을 우리에게 주신 것에 대해 **감사**하는 마음이 생긴다. 그의 은사와 특기가 잘 발휘되도록 적절한 곳에 잘 세우고 권위를 부여한다. 이럴 때 우리의 전력은 막강해질 것이며, 전투마다 승리하는 백전백승의 부대가 될 수 있다.

자신보다 더 나은 성도들을 바라보며 감사하라. 그리고 축복하라. 그를 잘 세워 주라. 이럴 때 건강하고 능력 있는 교회가 될 것이며, 그 유익은 우리, 그리고 나 자신에게 돌아오게 될 것이다.

3. 병사의 인식이 있을 때 부족한 사람을 일으켜 세울 수 있다.

반대의 경우도 생각해 볼 수 있다. 교회 생활을 하다 보면 우리 기대에 차지 못하고 모임에 별로 도움이 되지 않는 것처럼 보이는 성도들이 있다. 성경은 그들을 '헤아리지 말라', '판단하지 말라' 고 했지만 사실 어렵다. 우리는 자꾸 우리가 가진 기준으로 그들을 헤아리고 재어 보고 판단해서 실수하기도 하고 상처를 줄 때도 많다. 여기에도 사도 바울의 처방이 필요하다. '병사의 의식', '군대라는 인식' 을 갖는 것이다.

치열한 전투에 참가하는 우리 부대에 우리보다 능력과 실력 면에서 약한 병사가 있다면 어떻게 할까? 비웃고, 조소하고, 뒤에서 험담할까? 자기보다 못한 점을 볼 때마다 그것을 즐기게 될까? 만일 그들로 하여금 패배감이 들고 주눅이 들게 한다면 어떻게 될까? 그 손해는 고스란히 나에게 다시 돌아온다. 그는 전투에서 힘을 낼 수 없게 되어 우리 부대에 치명적인 손실이 오는 것이다. 그의 실패가 곧 우리의 실패, 나의 실패가 된다. 그렇기 때문에 이러한 성도들을 볼 때 '함께 병사 된 자' 라는 의식을 가지고 그를 돕고, 격려하며, 다시 세워서 우리 편의 전력이 강화되도록 해야 한다.

믿음이 약해서 주변을 맴도는 성도가 있다면 조롱하지 말고 찾아가서 믿음을 북돋울 수 있는 간증을 나누라. 용기가 부족해서 주의 일에 나서지 못하는 성도가 있다면 따뜻한 격려의 말과 손길로 이끌며 기회를 줘 보라. 건강이 좋지 않아 병상에 누운 성도가 있다면 사랑의 마음으로 시간과 고통을 함께 나누라. 이렇게 연약한 성도들을 다시 무장시켜 공동체의 전력을 강화해야 우리 앞에 당한 역경을 넉넉히 이겨 낼 수 있다.

우리는 영적인 전쟁터에 있다. 그러므로 하나의 목표로 뭉쳐야 한다. 다른 생각과 기대가 아닌 우리를 부르신 주님의 기쁨을 위해 뭉쳐야 한다. 나보다 뛰어난 성도들과 함께 군대가 된 것이 얼마나 유익한 것인지를 깨달아 질투와 투기의 태도를 버리고 감사하자. 또한 부상당한 전우를 살펴서 전력을 강화하는 것처럼, 연약한 지체들에게 다가가 도움을 주고 일으켜 세우자. 이렇게 할 때 교회는 우리의 기대 이상을 줄 수 있는 힘 있는 공동체가 될 것이다.

· 실천 사항 ·

1. 나보다 더 나은 성도들을 향해 감사하지 못하고 시기와 질투와 폄하했던 것에 대해 회개하자.
2. 연약한 성도들을 돕지 못하고 무관심하게 내버려 두었던 것에 대해서도 회개하자.
3. 오늘 하루 중 연약한 병사와 같은 성도들에게 도움을 주는 것을 실천해 보자.

교회 안에서 하나 되게 하신 성도들 간에 어떠한 관계의 인식을 가져야 할까? 그리고 실제로 어떻게 관계를 맺어 가야 할까? 본문 말씀은 이에 대한 좋은 교훈을 준다. 사도 바울은 성도들과의 관계에서 서로가 '하나님의 □□' 요, '그리스도의 □□'라는 인식이 중요하다고 말한다. 이러한 의식을 강하게 할 때 유익하고 복된 관계가 형성된다는 것이다. 병사의 원리 안에서 성도의 관계에 대해 살펴보자.

1. 병사의 인식이 있을 때 하나의 □□를 향해 뭉치게 된다.

- 하나의 공통된 목표를 가질 수 있게 되는 것이 바로 병사의 인식을 가지게 될 때 생겨나는 유익이다. 그 하나의 목표는 바로 '모집한 자를 □□□ 한다', 곧 우리를 병사로 불러 세워 주신 하나님을 기쁘시게 하는 것이다.

2. 병사의 인식이 있을 때 □□□ 사람을 인정하고 활용할 수 있다.

- 진정한 병사의 의식을 가지면 나보다 더 탁월하고 뛰어난 성도들을 우리에게 주신 것에 대해 □□하는 마음이 생긴다. 그의 은사와 특기가 잘 발휘되도록 적절한 곳에 잘 세우고 권위를 부여

한다.

3. 병사의 인식이 있을 때 ☐☐☐ 사람을 일으켜 세울 수 있다.

- 부족한 성도들을 볼 때 '함께 병사 된 자'라는 의식을 가지고 그를 돕고, 격려하며, 다시 세워서 우리 편의 ☐☐이 ☐☐되도록 해야 한다.

우리는 영적인 전쟁터에 있다. 그러므로 하나의 목표로 뭉쳐야 한다. 다른 생각과 기대가 아닌 우리를 부르신 주님의 기쁨을 위해 뭉쳐야 한다. 나보다 뛰어난 성도들과 함께 군대가 된 것이 얼마나 유익한 것인지를 깨달아 질투와 투기의 태도를 버리고 감사하자. 또한 부상당한 전우를 살펴서 전력을 강화하는 것처럼, 연약한 지체들에게 다가가 도움을 주고 일으켜 세우자. 이렇게 할 때 교회는 우리의 기대 이상을 줄 수 있는 힘 있는 공동체가 될 것이다.

· 실천 사항 ·

1. 나보다 더 나은 성도들을 향해 감사하지 못하고 시기와 질투와 폄하했던 것에 대해 회개하자.
2. 연약한 성도들을 돕지 못하고 무관심하게 내버려 두었던 것에 대해서도 회개하자.
3. 오늘 하루 중 연약한 병사와 같은 성도들에게 도움을 주는 것을 실천해 보자.

〈실천 보고서〉

* 제출자:_____ * 소속:_____구역

* 실천 사항

1. 주간 실천 항목(매일 실천하고 확인해야 하는 항목으로 O, X표 또는 숫자를 기입하라.)

실 천 항 목	본인 확인	지도자 확인
1. 오늘 새벽 기도회에는 참석하셨습니까?	예 / 아니오	
2. 오늘 하루 동안 성경 말씀을 읽었습니까?	( )장 / 아니오	
3. 오늘 하루 동안 기도를 드리셨습니까?	( )회 / 아니오	

2. 오늘의 집중 실천 항목(오늘 실천하고 확인해야 하는 항목으로, 실천했으면 해당 번호에 O표 또는 내용을 기입하라.)

    1. 나보다 더 나은 성도들을 향해 감사하지 못하고 시기와 질투와 폄하했던 것에 대해 회개하자.
    2. 연약한 성도들을 돕지 못하고 무관심하게 내버려 두었던 것에 대해서도 회개하자.
    3. 오늘 하루 중 연약한 병사와 같은 성도들에게 도움을 주는 것을 실천해 보자.

3. 오늘의 다짐과 묵상 노트(오늘 개인적으로 깨닫고 다짐한 내용을 적어 보자.)

    _____

    _____

    _____

* 실천 보고서 평가

    _____

    _____

    _____

18

섬김 훈련

성경: 출애굽기 35:20~29
찬송: 210장(시온성과 같은 교회)

20이스라엘 자손의 온 회중이 모세 앞에서 물러갔더니 21마음이 감동된 모든 자와 자원하는 모든 자가 와서 회막을 짓기 위하여 그 속에서 쓸 모든 것을 위하여, 거룩한 옷을 위하여 예물을 가져다가 여호와께 드렸으니 22곧 마음에 원하는 남녀가 와서 팔찌와 귀고리와 가락지와 목걸이와 여러 가지 금품을 가져다가 사람마다 여호와께 금 예물을 드렸으며 23무릇 청색 자색 홍색 실과 가는 베 실과 염소 털과 붉은물 들인 숫양의 가죽과 해달의 가죽이 있는 자도 가져왔으며 24은과 놋으로 예물을 삼는 모든 자가 가져다가 여호와께 드렸으며 섬기는 일에 소용되는 조각목이 있는 모든 자는 가져왔으며 25마음이 슬기로운 모든 여인은 손수 실을 빼고 그 뺀 청색 자색 홍색 실과 가는 베 실을 가져왔으며 26마음에 감동을 받아 슬기로운 모든 여인은 염소 털로 실을 뽑았으며 27모든 족장은 호마노와 및 에봇과 흉패에 물릴 보석을 가져왔으며 28등불과 관유와 분향할 향에 소용되는 기름과 향품을 가져왔으니 29마음에 자원하는 남녀는 누구나 여호와께서 모세의 손을 빌어 명령하신 모든 것을 만들기 위하여 물품을 드렸으니 이것이 이스라엘 자손이 여호와께 자원하여 드린 예물이니라

❖ 인도자

본문에는 이스라엘이 성막을 짓기 위해 준비하고 헌신하는 모습이 나온다. 이것은 오늘날 이 땅에서 건강하고 아름다운 교회 공동체를 만들고자 하는 우리에게 좋은 지침이 된다. 어떻게 섬겨야 교회가 하나님의 영광스런 임재의 자리가 되고, 성도들에게 능력을 충전하는 자리가 되며, 사회의 변혁을 이끄는 능력 있는 곳이 될 수 있을까?

1. 교회에 대한 '비전', 곧 미래를 위한 '청사진'을 소유해야 한다.

모세를 통해 하나님의 말씀을 들은 이스라엘 백성들이 모세 앞에서 물러갔다가 다시 그 앞으로 나왔다. 그들은 자신들의 장막 안에 그저 앉아 있을 수 없었다. 왜 그랬을까? 무엇이 그들로 하여금 그렇게 행동하게 했을까? 20~21절 말씀을 보자: "이스라엘 자손의 온 회중이 모세 앞에서 물러갔더니 마음이 감동된 모든 자와 자원하는 모든 자가 와서 회막을 짓기 위하여 그 속에서 쓸 모든 것을 위하여, 거룩한 옷을 위하여 예물을 가져다가 여호와께 드렸으니." '감동'과 '자원'이라는 말을 주목하라. 그들 마음에 너무나도 큰 감동과 자원하는 열정이 일어나서 견딜 수 없기에 다시 모세 앞으로 모여 온 것이다. 여기서 참된 교회의 비전을 가진 자들의 마음을 알 수 있다. 그것은 다름 아닌 '이상적인 교회에 대한 감동과 자원하는 마음'이다. 교회를 섬기는 자들은 먼저 이러한 비전을 가져야 한다는 말이다.

잠언 29장 18절은 "묵시가 없으면 백성이 방자히 행하거니와"라고 말씀한다. '묵시'는 꿈, 이상, 비전이라는 말인데, 이러한 꿈과 이상이 없으면, 나아갈 길에 대한 분명한 비전을 가지지 않으면 방자해진다는 것이다. 목표가 없는 사람이 어떻게 바른 길을 가겠으며 지름길을 찾아 나아갈 수 있겠는가. 그저 여기저기 기웃거리며 한눈이나 파는 방자한 행동밖에 할 수 없는 것이다. 그러므로 우리는 미래에 대한 꿈을 꾸어야 한다. 이상을 가져야 한다. 비전을 가져야 한다.

그러면 어떤 비전을 가져야 할까? 무엇에 대해 감동하고 자원하는 마음을 가져야 할까? 본문 21절은 "마음이 감동된 모든 자와 자원하는 모든 자가 와서 회막을 짓기 위하여 그 속에서 쓸 모든 것을 위하여, 거룩한 옷을 위하여 예물을 가져다가 여호와께 드렸으니"라고 말씀한다. 이스라엘 백성의 머릿속에는 이상적인 교회의 모습이 잘 그려져 있었다. 말하자면 교회의 청사진이 그들의 마음속에 있었다는 것이다. 그들은 특히 이상적인 교회의 모습으로 세 가지 내용을 마음에 품고 있었는데, 그것이 바로 우리가 함께 바라보아야 할 비전의 내용이다.

첫째, 그들은 "회막을 짓기 위하여" 여호와께 헌신했다. 회막이란 무엇인가? 이것은 회막 교회를 이루는 외벽과 담이 되는 천막이다. 이것은 오늘날 교회의 외적인 부분을 의미한다. 다시 말해, 교회 건물의 기능과 교회의 조직과 제도 그리고 행정력 등을 뜻하는 것이다. 이스라엘 백성들에게는 이것에 대한 감동과 자원이 있었다. 곧 교회의 외적 부분에 대한 비전을 공유하고 있었다는 것이다.

둘째, 그들은 "그 속에서 쓸 모든 것을 위하여" 여호와께 헌신했다. '그 속에 쓸 모든 것' 이라는 표현에서도 짐작할 수 있듯이 이것은 교회의 내적인 부분에 대한 비전, 곧 예배, 교육, 교제, 전도, 선교 등에 대해서도 성도들이 같은 마음으로 바라보고 있었다는 것이다.

셋째, 그들은 "거룩한 옷을 위하여" 여호와께 헌신했다. 거룩한 옷이란 무엇인가? 그것은 제사장들이 제사를 집행할 때 입는 에봇을 의미한다. 이것은 곧 교회에 있어서의 사람의 역할에 대한 비전이 있었음을 뜻한다. 교회를 섬기는 모두가 거룩한 제사장처럼 주님과 세상을 섬기는 분명한 꿈과 이상이 있고, 그것을 향해 감동과 자원이 있어야 한다는 말이다.

당신은 이러한 비전을 가지고 있는가? 이러한 내용들에 대해 감동과 자원하는 마음이 있는가? 이게 급선무다. 이것이 되어야 소망이 있다. 회막 교회의 건축 현장에서 이러한 비전을 견지하고 있었던 이스라엘 백성들처럼 우리 또한 이 시대 주의 몸 된 교회를 든든히 세워 가기 위해 이러한 비전을 함께 나누고, 바라보고, 함께 감동하며, 자원해서 힘쓰는 성도가 되어야 한다.

2. 우리의 은사와 재능을 총력적으로 활용해야 한다.

회막을 짓기 위해 준비하고 헌신하는 이스라엘 백성들이 비전만 가지고 있었던 것은 아니다. 그들은 감동과 자원함에만 그치지 않고 그에 따르는 적극적이고 실천적인 행동을 보였다. 그것도 총력적인 노력이었다.

"곧 마음에 원하는 남녀가 와서 팔찌와 귀고리와 가락지와 목걸이와 여러 가지 금품을 가져다가 사람마다 여호와께 금 예물을 드렸으며 무릇 청색 자색 홍색 실과 가는 베 실과 염소 털과 붉은 물 들인 숫양의 가죽과 해달의 가죽이 있는 자도 가져왔으며 은과 놋으로 예물을 삼는 모든 자가 가져다가 여호와께 드렸으며 섬기는 일에 소용되는 조각목이 있는 모든 자는 가져왔으며 마음이 슬기로운 모든 여인은 손수 실을 빼고 그 뺀 청색 자색 홍색 실과 가는 베 실을 가져왔으며 마음에 감동을 받아 슬기로운 모든 여인은 염소 털로 실을 뽑았으며 모든 족장은 호마노와 및 에봇과 흉패에 물릴 보석을 가져왔으며 등불과 관유와 분향할 향에 소용되는 기름과 향품을 가져왔으니 마음에 자원하는 남녀는 누구나 여호와께서 모세의 손을 빌어 명령하신 모든 것을 만들기 위하여 물품을 드렸으니 이것이 이스라엘 자손이 여호와께 자원하여 드린 예물이니라"(22~29절).

본문에 열거된 물품들은 29절에서 말하는 대로 온전한 회막 교회를 세우는 데 필요한 '모든 것'들이다. 회막을 짓는 데 있어 요소요소에 적절하게 사용되어지는 물품의 전체 목록인 것이다. 24절과 27절의 '소용되다'라는 단어가 우리의 주목을 끈다. 이 단어는 '특정 부분에 적합하다'는 뜻을 가지고 있다. 그들의 헌신이, 그들이 회막 교회 건축이 이루어지는 자리로 가져온 모든 것들이 회막을 세우는 일에 적합하고 넉넉했다는 말이다.

이것이 주는 교훈은 무엇인가? 이스라엘 안에 회막 교회를 든든히 세우는 충만하고 적합한 것들이 있었던 것과 같이, 오늘날 교회가 더욱 힘 있게 역사하고 세워지기 위해 필요하고 요긴한 것들이 성도들 안에 다 있다는 것이다. 회막 교회를 위해 이스라엘 공동체를 섭리하셨던 하나님이 오늘날 우리가 속한 공동체 또한 섭리하시기 때문이다.

더 건강한 교회가 되기 위해 다른 누군가가 필요하다고 생각하지 말라. 더 아름다운 교회가 되기 위해 어떤 도움이 있어야 된다고 말하지 말라. 성경은 우리 안에 이미 다 있다고 말씀한다. 우리가 속한 공동체는 우리의 실력으로, 우리의 은사로, 우리의 능력으로 더욱 아름답고 힘 있게 세워질 수 있다. 문제는 이스라엘 백성들처럼 드리지 않는다는 것이다.

3. 애굽에서 가져온 것들로 주께 헌신해야 한다.

이쯤에서 궁금한 것이 생긴다. 이스라엘 백성들은 지금 광야에 있다. 그렇다면 그들이 드린 것들은 어디로부터 온 것인가?

하나님은 "내가 애굽 사람으로 이 백성에게 은혜를 입히게 할지라 너희가 나갈 때에 빈손으로 가지 아니하리니 여인들은 모두 그 이웃 사람과 및 자기 집에 거류하는 여인에게 은 패물과 금 패물과 의복을 구하여 너희의 자녀를 꾸미라 너희는 애굽 사람들의 물품을 취하리라"(출 3:21~22)고 말씀하셨다. 그리고 이 예언은 실제로 역사 중에서 성취되었다: "이스라엘 자손이 모세의 말대로 하여 애굽 사람에게 은금 패물과 의복을 구하매 여호와께서 애굽 사람들에게 이스라엘 백성에게 은혜를 입히게 하사 그들이 구하는 대로 주게 하시므로 그들이 애굽 사람의 물품을 취하였더라"(출 12:35~36).

이스라엘 백성들이 드린 물품들은 모두 출애굽 중에 가져온 것이다. 열 가지 재앙으로 쑥대밭이 된 애굽 땅에서 혼비백산해 있던 사람들에게 받아 온 것들이다. 이러한 물품들이 지금 교회를 세우는 재료로 활용되고 있다. '하나님은 왜 우리로 하여금 애굽과도 같은 세상에서 살게 하시는가? 왜 거기에서 우리의 직업을 갖게 하시는가?' 그것은 애굽의 좋은 것들을 가져와서 그것으로 하나님의 **나라**와 **교회** 공동체를 세우게 하시기 위함이다.

그렇다. 우리는 우리의 애굽에서 가지고 나온 것들을 하나님 나라를 부요하게 하는 재료로 삼아야 한다. 하나님이 당신에게 다른 이들보다 더 갖추도록 하신 것이 있다면 무엇인가? 은사인가? 재능인가? 실력? 아니면 권력이나 재정적인 능력? 기술 또는 자격? 애굽과도 같은 세상에서 하나님의 은혜로 가지게 된 것들을 교회 공동체로 가져오라. 그리고 사역 가운데 참여해서 하나님을 위한 것으로 활용하라. 당신이 가진 경력과 이력과 조건들은 하나님이 그분의 나라를 위해 활용하시고자 준비시키셨음을 알고 주 앞에 내어 드려야 한다. 그럴 때 교회는 놀라운 역사를 이루게 될 것이다.

교회 공동체를 통해 이루기 원하시는 하나님의 비전을 보라. 그리고 그러한 비전 중에 각자가 감당해야 할 부분이 무엇인지 찾으라. 그리고 그 분야에 우리의 것들을 드리고 채워서 능력 있는 교회로 일으켜 세우라. 이렇게 할 때 하나님은 지역 사회와 민족과 세계를 맡겨 주실 것이다.

1. 하나님에게 다른 이들보다 더 받은 것이 있다면 무엇인지 기록
   해 보자.

   _____

   _____

   _____

2. 교회 안에서 어떤 일로 섬길 수 있을지 기록해 보자.

   _____

   _____

   _____

3. 교회를 위해 섬길 수 있는 일들을 (작은 일이라도) 한 가지 이상 실
   천해 보자.

❖ 참가자

본문에는 이스라엘이 성막을 짓기 위해 준비하고 헌신하는 모습
이 나온다. 이것은 오늘날 이 땅에서 건강하고 아름다운 교회 공동체
를 만들고자 하는 우리에게 좋은 지침이 된다. 어떻게 섬겨야 교회가
하나님의 영광스런 임재의 자리가 되고, 성도들에게 능력을 충전하
는 자리가 되며, 사회의 변혁을 이끄는 능력 있는 곳이 될 수 있을까?

1. 교회에 대한 '비전', 곧 □□를 위한 □□□ 을 소유해야 한다.
- 교회의 비전은 다름 아닌 '이상적인 교회에 대한 □□과 □□하
  는 마음' 이다.
- 교회의 외적인 부분, 내적인 부분 그리고 사람의 역할에 대한 비
  전을 공유해야 한다.

2. 우리의 □□와 □□을 총력적으로 □□해야 한다.
- 회막을 짓기 위해 준비하고 헌신하는 이스라엘 백성들이 비전만
  가지고 있었던 것은 아니다. 그들은 감동과 자원함에만 그치지
  않고 그에 따르는 적극적이고 실천적인 □□을 보였다. 그것도
  □□□인 노력이었다.

3. □□에서 가져온 것들로 주께 □□해야 한다.

- '하나님은 왜 우리로 하여금 애굽과도 같은 세상에서 살게 하시
는가? 왜 거기에서 우리의 직업을 갖게 하시는가?' 그것은 애굽
의 좋은 것들을 가져와서 그것으로 하나님의 □□와 □□ 공동
체를 세우게 하시기 위함이다.

교회 공동체를 통해 이루기 원하시는 하나님의 비전을 보라. 그리
고 그러한 비전 중에 각자가 감당해야 할 부분이 무엇인지 찾으라.
그리고 그 분야에 우리의 것들을 드리고 채워서 능력 있는 교회로 일
으켜 세우라. 이렇게 할 때 하나님은 지역 사회와 민족과 세계를 맡
겨 주실 것이다.

· 실천 사항 ·

1. 하나님에게 다른 이들보다 더 받은 것이 있다면 무엇인지 기록
해 보자.

_____

_____

_____

2. 교회 안에서 어떤 일로 섬길 수 있을지 기록해 보자.

_____

_____

_____

3. 교회를 위해 섬길 수 있는 일들을 (작은 일이라도) 한 가지 이상 실
천해 보자.

〈실천 보고서〉

* 제출자:_____ * 소속:_____구역

* 실천 사항
1. 주간 실천 항목(매일 실천하고 확인해야 하는 항목으로 O, X표 또는 숫자를 기입하라.)

실 천 항 목	본인 확인	지도자 확인
1. 오늘 새벽 기도회에는 참석하셨습니까?	예 / 아니오	
2. 오늘 하루 동안 성경 말씀을 읽었습니까?	( )장 / 아니오	
3. 오늘 하루 동안 기도를 드리셨습니까?	( )회 / 아니오	

2. 오늘의 집중 실천 항목(오늘 실천하고 확인해야 하는 항목으로, 실천했으면 해당
   번호에 O표 또는 내용을 기입하라.)

   1. 하나님에게 다른 이들보다 더 받은 것이 있다면 무엇인지 기록해
      보자.
      _____
      _____

   2. 교회 안에서 어떤 일로 섬길 수 있을지 기록해 보자.
      _____
      _____

   3. 교회를 위해 섬길 수 있는 일들을 (작은 일이라도) 한 가지 이상 실천해
      보자.

3. 오늘의 다짐과 묵상 노트(오늘 개인적으로 깨닫고 다짐한 내용을 적어 보자.)
   _____
   _____
   _____

* 실천 보고서 평가
   _____
   _____
   _____

19

양육 훈련

성경: 마가복음 2:1~12

찬송: 595장(나 맡은 본분은)

1수 일 후에 예수께서 다시 가버나움에 들어가시니 집에 계시다는 소문이 들린지라
2많은 사람이 모여서 문 앞까지도 들어설 자리가 없게 되었는데 예수께서 그들에게
도를 말씀하시더니 3사람들이 한 중풍병자를 네 사람에게 메워 가지고 예수께로 올
새 4무리들 때문에 예수께 데려갈 수 없으므로 그 계신 곳의 지붕을 뜯어 구멍을 내
고 중풍병자가 누운 상을 달아 내리니 5예수께서 그들의 믿음을 보시고 중풍병자에
게 이르시되 작은 자야 네 죄 사함을 받았느니라 하시니 6어떤 서기관들이 거기 앉
아서 마음에 생각하기를 7이 사람이 어찌 이렇게 말하는가 신성 모독이로다 오직
하나님 한 분 외에는 누가 능히 죄를 사하겠느냐 8그들이 속으로 이렇게 생각하는
줄을 예수께서 곧 중심에 아시고 이르시되 어찌하여 이것을 마음에 생각하느냐 9중
풍병자에게 네 죄 사함을 받았느니라 하는 말과 일어나 네 상을 가지고 걸어가라 하
는 말 중에서 어느 것이 쉽겠느냐 10그러나 인자가 땅에서 죄를 사하는 권세가 있는
줄을 너희로 알게 하려 하노라 하시고 중풍병자에게 말씀하시되 11내가 네게 이르
노니 일어나 네 상을 가지고 집으로 가라 하시니 12그가 일어나 곧 상을 가지고 모
든 사람 앞에서 나가거늘 그들이 다 놀라 하나님께 영광을 돌리며 이르되 우리가 이
런 일을 도무지 보지 못하였다 하더라

❖ 인도자

　어느 단체나 조직을 막론하고 그것이 계속해서 유지되기 위해서는 세대 간에 전통과 유산들이 잘 물려져야 한다. 위의 세대로부터 아래 세대로 공동체의 유전들이 잘 계승되어야 한다는 것이다. 기독교 공동체도 예외는 아니다. 주의 교회가 주님 재림하시는 그날까지 건재하기 위해서는 기독교의 전통과 유산을 잘 물려주는 일이 필수적인데 이것이 바로 양육이다. 그런데 안타까운 것은 오늘날 교회 안에서 이러한 양육이 잘 진행되지 않고 있다. 세대 간에 신앙의 연결이 잘되지 않고 있는 것이다. 그래서 갈등이 빚어지기도 한다. 또 어떤 경우에는 양육이 잘되지 않아 교회 안에 만년 어린 신자들만 있는 곳도 많다. 말씀 안에서 다시금 양육에 대한 동기를 얻고 훈련해서 소속된 공동체를 양육이 풍성한 교회로 세워 가자.

1. 지식으로만은 참된 그리스도인이 될 수 없다.

　본문에서 예수님과 제자들은 가버나움의 한 가정에 머물고 계셨다. 그때 소문을 들은 많은 사람들이 그 집으로 몰려들었고, 예수님은 그들에게 도를 말씀하셨다. 그때 얼마나 많은 사람들이 몰려왔는지, 집안을 꽉 채우고도 안 돼서 문밖에도 장사진을 이루게 되었다: "많은 사람이 모여서 문 앞까지도 들어설 자리가 없게 되었는데"(2절).

그런데 그때 무리들 속에 있던 어떤 사람들이 동시에 한 사람을 생각하게 되었다. 말씀하고 계시는 예수님에게서 느껴지는 큰 능력이 지금 중풍병으로 누워 있는 한 친구를 고칠 수 있겠다는 생각이 든 것이다. 그래서 그들은 얼른 중풍병이 든 친구를 찾아가서 예수님에 대해서 소개하고는 그를 침상째 들고 예수님에게로 왔다. 그런데 문제가 생겼다. 예수님이 계시는 그 집에 사람들이 가득 차 있어서 도무지 들어갈 수가 없었다. 예수 그리스도의 소문을 듣고 모인 사람들이 거대한 벽이 되어서 지금 그 병자가 예수님에게 가는 것이 곤란해진 것이다.

여기서 중요한 사실을 깨닫게 된다. 신앙과 관계된 지식으로만은 참되고 능력 있는 그리스도인이 되기 어렵다는 것이다. 본문에는 지식과 관계된 두 개의 단어가 등장한다. 1절의 "소문"과 2절의 "도"라는 단어다. '소문'과 '도'는 지식적인 면을 말한다. 그런데 그것이 참된 그리스도인을 만들어 낼 수는 없다. 물론 참된 그리스도인이 됨에 있어 지식적인 요소가 필요하긴 하다. 그러나 그것이 없어서도 안 되지만, 그것만으로는 충분하지도 않다.

'소문'을 듣고 모인 사람들, 그리고 '도'를 듣는 사람들이 지금 어디에 있는가? 그들은 예수님 근처에 있지만, 그곳에서 그들은 능력을 체험하지도 못했고, 변화를 경험하지도 못했다. 그들은 그저 4절이 말하는 대로 "무리"일 뿐이었다. '소문'과 '도'는 '무리'라는 집단을 형성하는 데 그친 것이다.

이처럼 지식은 우리가 참된 그리스도인, 예수님과 연합한 참된 신앙인이 되게 하는 데 **한계**가 있다. 신앙의 지식은 사람과 예수님 사이의 거리를 다소 좁힐 수는 있지만, 완전히 좁히거나 연합하게 하기에는 **부족**하다. 만일 '소문'과 '도'로 참된 그리스도인이 될 수 있다면 서점에 쏟아져 나온 몇 만 권이 넘는 기독교 서적들로 인해 우리는 이미 참되고 능력 있는 예수님의 사람들이 되었어야 한다. 또한 매주, 아니 매일 교회 강단과 인터넷, 기독교 방송 등으로 쏟아지는 설교들 앞에서 우리는 이미 세상을 뒤집어엎는 그리스도인이 되었어야 한다. 그러나 그렇지 못하다. 이게 무엇을 말하는가? '소문'과 '도'를 통해서만은 참된 그리스도인이 되기 힘들다는 것이다.

그러면 어떻게 해야 한 사람이 예수님에게로 온전히 나아가고 예수님과 연합하는 자리에 이를 수 있는가? 본문에는 이 중풍병자를 예수님에게로 이끌어 가는 참된 다리가 나타난다. 그 다리가 무엇일까?

2. **사람**과 **인격**이 예수님에게로 가는 **다리**가 되어야 한다.

모인 무리들로 가로막혀 있는 상황에서 무엇이 그 병자와 예수님 사이의 거리를 좁혔는가? '소문'도 아니고 '도'도 아닌 중풍병자의 친구들이다. 그의 친구들이 중풍병자와 예수님 간의 거리를 좁혀 주었고, 그 병자로 하여금 진정으로 예수님을 만나게 했다.

중풍병자의 친구들이 하고 있는 행동이 무엇인가? 예수님에게 나아가는 길이 막히자 그들은 2층으로 연결된 계단을 올라가서 지붕을 뜯었다. 당시 팔레스타인의 집 구조는 사람들의 거주 공간과 가축의 우리가 함께 있는 것이 일반적이었다. 거주 공간과 가축의 우리에서 나는 냄새가 잘 빠져나갈 수 있도록 짚과 같은 건초들을 얹어 지붕을 삼았기에 그것을 뜯어내는 것이 가능했다.

친구들은 지붕을 뜯은 다음 어떻게 했는가? 중풍병 걸린 친구를 침상째 달아 내려 예수님 앞에 두었다. 드디어 중풍병자가 예수님을 만난 것이다. 능력 있는 치료자 예수님 앞에 드디어 나아간 것이다.

여기에 중요한 교훈이 있다. 한 사람이 진정으로 예수님을 만나고 예수님의 살아 계심을 체험하고 예수님의 사람으로 거듭나려면 사람이 다리가 되어야 한다. 인격이 다리가 되어야 한다는 말이다. 곧 한 사람의 **삶**이 그를 예수님에게로 이끌어 줄 때 진정으로 예수님과의 **만남**이 생겨난다는 것이다.

생각해 보라. 찬양에 대해 열 마디 배우는 것보다 하나님 앞에서 영광스럽게 찬양하는 사람 옆자리에서 함께 예배하는 것이 더 낫다. 기도에 대해 열 번의 특강을 듣는 것보다 능력 있는 기도자 옆에서 함께 기도하는 것이 더 낫다. 또한 사역에 대해 몇 시간 동안 진행되는 세미나에 참석하는 것보다 성령 안에서 아름답게 사역하는 사람과 함께 사역하는 것이 더 낫다. 이것이 바로 참된 그리스도인을 만들어 내는 하나님의 방법이며, 예수 그리스도의 교회의 방법이 되어야 한다.

당신은 지금 어떤 자리에 있는가? '소문'과 '도'만 듣고는 "이제 됐다", "충분하다"고 말하고 있지는 않은가? '기도가 놀랍다더라', '찬양은 참 좋은 거라더라', '사역을 잘하면 하나님의 은총이 크다더라' 하는 소문만 듣고 있는 것은 아닌가? 기억하라. 그러한 신앙의 자리는 예수님 근처일 뿐, 은총과 은혜가 직접 부어지는 자리는 아니다.

사람에게 배우라. 누군가의 삶을 통해 경험하라. 누군가의 생활 속에 있는 경건의 원리들을 통해 보고 느끼고 학습할 때 우리는 진정으로 예수님의 면모를 조금씩 닮아 가게 된다. 이를 위해 성도들과 함께 양육의 관계 안에 들어가야 한다. '소문'과 '도'만 듣는 무리가 되지 말고 예수님의 모습을 볼 수 있는 양육의 관계 안에 들어가라.

3. 양육을 먼저 받으라. 그리고 양육하라.

그러면 어떻게 양육의 관계 안에 들어갈 수 있을까? 간단하다. 당신이 먼저 양육을 받으라. 구역이나 셀 안에서 리더들로부터 기도와 묵상과 찬양에 대한 양육을 받으라. 모임에 억지로 시간 맞추어 나가는 정도가 아니라, 리더 안에 있는 예수님의 모습을 닮겠다는 마음으로 참석하라. 또한 교회 임원들로부터 교회와 성도들을 위해 일하고 사역하는 방법을 배우라. 그리고 교회 안에서 진행되는 각종 성경공부에 참여하라. 정답을 맞히는 것에만 급급하지 말고 좀 더 용기를 내어 당신의 삶을 나누라. 입을 열어 하나님이 하신 일을 말하라. 그럴 때에야 비로소 사람과 인격이 다리가 되는 진정한 양육의 효과가 나타난다.

양육을 받은 후에는 당신이 받은 만큼 다른 이들을 양육하라. 양육해 주는 사람이 없으면 양육을 받을 수가 없다. 돌아보면 우리는 알게 모르게 누군가에게 은혜의 빚을 지고 여기까지 왔다. 예수님을 닮아 오는 과정에서 한 계단 한 계단 누군가의 도움과 영향력을 받았다. 소극적인 의미에서의 양육을 경험해 온 것이다. 기도하고 성경을 읽는 각각의 습관들은 세미나나 강의를 통해 배운 것이 아니라 인격적인 모델을 통해, 그리고 삶을 통해 생활 안에서 자연스럽게 체득한 것이다. 그리고 그것이 우리 신앙생활의 특징을 결정짓는다.

누군가를 양육하는 것은 참 중요하다. 말씀의 아름다운 신앙 원리들을 몸소 보여 주고 교회의 복된 전통을 삶으로 나타내면서 양육할 때 교회는 아름답고 능력 있는 교회로 더욱 부흥하며 성장하게 될 것이다. 다음세대가 더 나아지는 교회, 그래서 날이 갈수록 더 힘을 얻는 교회. 이것은 양육을 통해서 가능하다.

지금 양육하고 있는 사람이 있는가? 그리스도와 중매하기 위해 수고하고 땀 흘리는 대상이 있는가? 아니면 아직도 예수님을 만나지 못한 중풍병자와 같은 사람, '소문'만 들어서 아직도 무리 중에 있는, 그래서 안타까운 마음으로 보고 있는 사람이 당신 주변에 있는가? 그들을 찾아가라. 중풍병자의 친구들이 했던 것처럼 말이다. 교회 안에서 서로 양육받고 양육하는 관계가 풍성해진다면 교회는 예수님 닮은 참된 그리스도인들로 넘치게 될 것이다.

신앙의 지식은 그리스도인을 만들어 냄에 있어 반드시 필요하긴 하지만 참된 그리스도인으로 완성시키는 데는 어려움이 있다. 무엇이 필요한가? 사람, 곧 신앙의 삶을 체험하게 할 수 있는 양육자가 필요하다. 서로 기쁘게 양육받고 양육할 수 있는, 그로 인해 예수님 닮은 성숙하고 실력 있는 신앙인들로 가득한 교회를 이루어 가자.

• 실천 사항 •

1. 양육이 풍성한 교회가 되게 해 주시기를 기도하자.

2. 당신이 예수님의 분량에 이를 수 있도록 양육받기 위해 필요한 것은 무엇인지 적어 보자.

_____

_____

_____

3. 당신이 양육하며 도움을 주어야 할 성도들을 적어 보자(2~3명).

_____

_____

_____

❖ 참가자

어느 단체나 소식을 막론하고 그것이 계속해서 유지되기 위해서는 세대 간에 전통과 유산들이 잘 물려져야 한다. 기독교 공동체도 예외는 아니다. 주의 교회가 주님 재림하시는 그날까지 건재하기 위해서는 기독교의 전통과 유산을 잘 물려주는 일이 필수적인데 이것이 바로 ☐☐이다. 말씀 안에서 다시금 양육에 대한 동기를 얻고 훈련해서 소속된 공동체를 양육이 풍성한 교회로 세워 가자.

1. ☐☐으로만은 참된 그리스도인이 될 수 없다.

- 지식은 우리가 참된 그리스도인, 예수님과 연합한 참된 신앙인이 되게 하는 데 ☐☐가 있다. 신앙의 지식은 사람과 예수님 사이의 거리를 완전히 좁히거나 연합하게 하기에는 ☐☐하다.

2. ☐☐과 ☐☐이 예수님에게로 가는 ☐☐가 되어야 한다.

- 한 사람이 진정으로 예수님을 만나고 예수님의 살아 계심을 체험하고 예수님의 사람으로 거듭나려면 사람이 다리가 되어야 한다. 인격이 다리가 되어야 한다는 말이다. 곧 한 사람의 ☐이 그를 예수님에게로 이끌어 줄 때 진정으로 예수님과의 ☐☐이 생

겨난다는 것이다.

3. 양육을 먼저 ☐☐☐. 그리고 ☐☐☐☐.

- 교회 안에서 서로 양육받고 양육하는 ☐☐가 풍성해진다면 교회
는 예수님 닮은 참된 그리스도인들로 넘치게 될 것이다.

신앙의 지식은 그리스도인을 만들어 냄에 있어 반드시 필요하긴
하지만 참된 그리스도인으로 완성시키는 데는 어려움이 있다. 무엇
이 필요한가? 사람, 곧 신앙의 ☐을 체험하게 할 수 있는 ☐☐가 필
요하다. 서로 기쁘게 양육받고 양육할 수 있는, 그로 인해 예수님 닮
은 성숙하고 실력 있는 신앙인들로 가득한 교회를 이루어 가자.

· 실천 사항 ·

1. 양육이 풍성한 교회가 되게 해 주시기를 기도하자.
2. 당신이 예수님의 분량에 이를 수 있도록 양육받기 위해 필요한
   것은 무엇인지 적어 보자.

   _____
   _____
   _____

3. 당신이 양육하며 도움을 주어야 할 성도들을 적어 보자(2~3명).

   _____
   _____
   _____

〈실천 보고서〉

* 제출자:_____ * 소속:_____구역

* 실천 사항
1. 주간 실천 항목(매일 실천하고 확인해야 하는 항목으로 O, X표 또는 숫자를 기입하라.)

실 천 항 목	본인 확인	지도자 확인
1. 오늘 새벽 기도회에는 참석하셨습니까?	예 / 아니오	
2. 오늘 하루 동안 성경 말씀을 읽었습니까?	( )장 / 아니오	
3. 오늘 하루 동안 기도를 드리셨습니까?	( )회 / 아니오	

2. 오늘의 집중 실천 항목(오늘 실천하고 확인해야 하는 항목으로, 실천했으면 해당 번호에 O표 또는 내용을 기입하라.)

1. 양육이 풍성한 교회가 되게 해 주시기를 기도하자.
2. 당신이 예수님의 분량에 이를 수 있도록 양육받기 위해 필요한 것은 무엇인지 적어 보자.

_____
_____
_____

3. 당신이 양육하며 도움을 주어야 할 성도들을 적어 보자(2~3명).

_____
_____
_____

3. 오늘의 다짐과 묵상 노트(오늘 개인적으로 깨닫고 다짐한 내용을 적어 보자.)

_____
_____
_____

* 실천 보고서 평가

_____
_____
_____

20

전도 훈련

성경: 누가복음 10:1~6
찬송: 510장(하나님의 진리 등대)

1그 후에 주께서 따로 칠십 인을 세우사 친히 가시려는 각 동네와 각 지역으로 둘씩
앞서 보내시며 2이르시되 추수할 것은 많되 일꾼이 적으니 그러므로 추수하는 주인
에게 청하여 추수할 일꾼들을 보내 주소서 하라 3갈지어다 내가 너희를 보냄이 어
린 양을 이리 가운데로 보냄과 같도다 4전대나 배낭이나 신발을 가지지 말며 길에
서 아무에게도 문안하지 말며 5어느 집에 들어가든지 먼저 말하되 이 집이 평안할
지어다 하라 6만일 평안을 받을 사람이 거기 있으면 너희의 평안이 그에게 머물 것
이요 그렇지 않으면 너희에게로 돌아오리라

❖ 인도자

　전도 훈련이라 하면 대개 부담부터 갖는다. 그러나 신앙의 원리를 배우고 훈련하면서 전도 훈련을 빠뜨리는 것은 말이 되지 않는다. 영적인 훈련을 하는 이유가 무엇인가? 결국은 예수님 닮은 사람이 되기 위함이다. 그런 점에서 전도는 예수님을 닮아 가는 데 있어 필수적인 덕목이다. 그분이 이 땅에 오신 목적이 전도이기 때문이다.

　우리가 전도를 훈련해야 하는 또 다른 이유가 있다. 전도에는 너무나 놀라운 약속이 있기 때문이다. 주님은 전도하는 자에게 세상 끝날까지 함께 있겠다고 약속하셨다(마 28:20). 곧 동행의 약속이다. 그뿐 아니라, 전도란 우리의 영원한 삶이 있는 천국에서의 삶의 질을 결정하는 데 가장 중요한 요소 중 하나다: "많은 사람을 옳은 데로 돌아오게 한 자는 별과 같이 영원토록 빛나리라"(단 12:3). 전도는 천국에서의 놀라운 삶의 질을 보장한다.

　전도자의 삶을 사신 주님을 온전히 닮기 위해, 그리고 성경이 말씀하는 놀라운 약속을 누리고 천국의 복을 상속하는 성도가 되기 위해 어떻게 하면 전도에서 승리할 수 있을지 그 구체적인 방법을 함께 생각하며 훈련하자.

1. 전도에는 **전략**이 필요하다.

전도란 무엇인가? 하나님을 믿지 않는 사람들에게 복음을 전하고 그 내용을 믿게 해서 그들로 하여금 하나님의 자녀가 되게 하는 일, 곧 **복음**을 **믿게** 하는 것이다. 예수 그리스도와 십자가에 관한 소식을 받아들이게 하는 것이다. 이런 의미에서 전도는 복음 **외판업**이라 할 수 있다. 복음의 가치와 효과를 모르는 사람들에게 복음의 필요성과 그에 따르는 효능을 알게 하고 그들로 하여금 복음을 받아들이게 한다는 점에서 복음 외판업이라고 할 수 있다. 그런데 외판업을 하는 사람들이 어떤가? 그들은 판매할 물건의 효능이 무엇인지를 익히고 암기하며, 또 판매하는 방법을 개발하고 훈련하며 실습하기를 게을리 하지 않는다. 우리에게 별 도움이 안 되는 물건을 팔면서도 그들은 확신을 가지고 철저히 준비한다. 그렇다면 인간의 영원한 삶과 죽음을 결정하는 복음을 전하는 사람들이 상황 되는 대로, 마음 내키는 대로 할 수 있을까?

복음을 전하는 거룩한 외판업인 전도에는 전략이 필요하다. 본문을 보면 70인 전도대를 파송하시는 예수님이 전도의 전략과 방법에 대해 말씀하신다. 전도 전략의 중요성을 알 수 있는 대목이다. 주님은 제자들에게 신앙의 원리에 대해 가르쳐 주신 적이 별로 없으시다. 그나마 제자들 간청에 가르쳐 주신 기도 역시도 주기도문에 해당하는 몇 구절 정도만 말씀해 주셨다. 그런데 전도에 대한 내용은 무려 열여섯 절에 걸쳐 설명하신다. 능력 있는 전도자가 되려면 전략을 가져야 함을 뜻하는 것이라 할 수 있다. 그렇다면 전도에는 어떠한 전략이 필요할까?

2. 전도자의 참된 자세와 전략을 숙지하고 실습하라.

「부흥 배가(倍加)」라는 책을 쓴 토미 바넷(Tommy Barnet)이라는 실천 신학자는 '잃어버린 영혼을 구원하는 전도자의 자세와 전략' 이라는 제목으로 20가지의 구체적인 전략을 제시한다.

1) 전도하는 시간을 확정하라.

남는 시간을 이용해서 하는 일 치고 열매 맺는 일은 없다. 우리 삶에서 전도하는 시간을 찾아 정해 놓고 구별해서 실천할 때 전도의 사역에서 승리할 수 있다는 것이다.

2) 영혼에 민감한 사람이 되라. 영혼을 사랑하는 마음과 열정을 구하라.

전도는 전도의 내용, 곧 복된 소식을 불신자들에게 잘 전해 주는 것 이상이다. 전도는 영혼을 다루는 일이다. 그러므로 영혼을 사랑하는 하나님의 마음이 전도의 동력이 되어야 한다.

3) 청결하고 단정하게 하라. 사람은 외모를 본다.

전도는 사람에게 하는 일이다. 그러기에 외모와 첫인상이 중요하다. 너무 화려해서 위화감을 주어서도 안 되고, 너무 남루해서 매력을 주지 못해서도 안 된다. 전도자는 거부감이 없는 단정하고 깨끗한 차림에 확신과 자신감이 드러나는 외양을 갖추는 것이 중요하다. 미소 역시도 빼놓을 수 없는 전도자의 덕목이다.

4) **신약성경**을 가지고 다니라. 혹은 전도를 위한 작은 성경을 준비하고 다니라.

전도를 하면서 복음의 내용을 설명하게 될 경우를 위해 신약성경이나 '각권별 성경' 중에서 요한복음을 가지고 다니는 것이 유용하다. 이때 성경책에 전도와 관련한 내용을 미리 표시해 두면 도움이 된다. 이미 훈련받은 전도 자료에 나오는 구절들을 성경책에 표시하는 것이다. 그리고 그 내용들이 연결될 수 있도록 긱 구절 다음에 이어지는 구절을 표시해 두는 것도 좋다.

5) **두** 명씩 다니라. 예수님도 두 명씩 짝을 지어 보내셨다.

본문에도 예수님은 70인 전도대를 파송하시면서 두 명씩 짝을 지어 보내셨다. 이렇게 할 때 전도를 위해 필요한 용기를 얻을 수 있다. 또한 두 사람이 함께 가면 혼자 가는 것보다 다양한 상황에 잘 대처할 수 있다.

6) **한** 사람이 말하라. 그리고 다른 사람은 관찰하면서 **기도**하라.

두 사람이 함께 전도하되 한 사람만 말하라. 두 사람이 함께 말하면 전도 대상자는 궁지에 몰리는 느낌을 받을 수 있게 되는데, 그렇게 되면 상대방은 회피하고 도망치기에 급급해진다. 말하지 않는 사람은 전도의 사역을 위한 중보기도자로 서는 것이 중요하다.

7) 필요에 따라 다른 사람들과도 **팀**을 이루라. 일단 접촉한 후에는 가까운 이웃 팀을 데리고 가서 소개해 주라.

특정한 장소로 전도하러 갈 때 그곳에 대해 잘 알거나 관련 있는 전도자가 포함된 팀과 함께 가는 것이 유익하다. 전도를 위한 접촉이 된 후에는 그 전도자들에게 소개하고 맡기는 것이 좋다. 그래야만 전도 접촉 후에 필요한 사후 관리가 용이해진다.

8) 떠나기 전에 성령의 **충만**함을 위해 기도하라. 성령님의 동행을 구하라. 특히 성령님이 꼭 필요한 말씀을 주시도록 기도해야 한다.

사람의 마음을 감동시키고 설득시키는 것은 사람의 힘으로 잘되지 않는다. 만일 쉽다면 영업사원들 중에 실패하는 경우는 없을 것이다. 사람의 마음의 감동과 설득을 위해 성령님의 역사를 구하는 것이 필수적이다.

9) **믿고** 가라. 긍정적인 태도를 가지라. 성령님의 인도하심을 믿고 행하라.

전도를 위해 나아갈 때 믿음의 자세를 가지느냐, 아니면 위축되고 두려운 마음을 가지느냐는 전도의 성패를 결정하는 중요한 문제다. 마음의 자세는 언제나 행동으로 드러나기 마련이며, 상대방도 우리에게 확신이 있는지 없는지를 알아차릴 수 있기 때문이다. 전도자가 확신을 가지지 않으면 상대방 역시도 확신을 가질 수 없다.

10) 친절하라. 특히 상투적인 **종교** 용어를 피하고 예의 바른 행동을 하라.

전도 대상자들을 만날 때 그들에게 친절한 태도가 드러나게 하라. 이때 상투적이고 습관적인 종교적 표현, 예를 들면, "할렐루야, 반갑습니다"라든가, "자매님, 안녕하세요" 등과 같은 표현들을 지양해야 한다. 그들이 듣기에 편한 말로 접근하는 것이 필요하다.

11) 상대방의 의견을 **인정**하고 **지지**해 주는 자세를 가지라. 칭찬과 격려를 하고 인쟁을 피하라.

전도 대상자의 반응에 대해 일단 수긍하라. 무조건 "그건 잘못된 생각입니다"라는 식으로 자기 할 말만 하면 상대방은 오기가 생겨서 반발하기 쉽다. "예, 그렇게 생각하시는군요", "그렇죠"라는 말로 상대의 견해를 먼저 받아 주는 것이 관계를 이어 감에 있어 중요하다.

12) **집 안**에 들어갈 때는 주의하라. 무례하게 들어가지 말고 불필요한 모험을 삼가라.

요즘 사람들은 문을 잘 열어 주지 않는다. 이때 어떻게든 들어가려고 무리한 방법을 사용하거나 다른 사람인 척 속이기보다는, 다음 접촉 기회를 위해서 정중하게 인사하고 돌아서는 것이 필요하다.

13) 상대방의 말을 **경청**하라. 잘 들어 주는 것이 상대방을 위한 최상의 선물이며, 잘 들어 줄수록 그들의 필요에 맞는 복음 적용이 쉬워진다.

전도 대상자의 말을 잘 들어 주면 그 가운데서 접촉점을 발견하는 경우가 많다. 접촉점이 있어야 상대방도 관심을 기울이며 마음을 연다.

14) 오직 **영혼 구원**에만 초점을 맞추고 교리 논쟁은 피하라.

상대방의 말을 잘 들어 주라는 것은 교리 논쟁의 빌미를 제공하라는 말이 아니다. 전도는 교리 논쟁이나 신앙 토론이 아니다. 논쟁하고 거기서 이기려 들지 말고, 그 영혼이 구원받는 것에 집중해야 한다.

15) 그들이 구원받지 않았다는 점을 깨닫게 도와주라. 즉 구원의 **필요성**을 인식시켜 주라.

그들이 구원을 받아야만 하는 사람임을 알게 해야 한다. 모든 전도를 위한 대화는 여기에 초점이 맞추어져야 한다. 이것만 성공하면 전도는 이미 성공한 것이나 마찬가지다.

16) 메시지는 단순하게 전하라. 예수 믿으면 얼마나 **행복**한지를 강조하라.

말이 많아야 효과적인 전도가 되는 것은 아니다. 오히려 간단명료한 메시지와 함께 예수 믿어 행복하다는 느낌이 전달되게 하는 것이 중요하다.

17) 적절한 때를 따라 예수님을 **영접**하기 원하는지 물어보라. 그래서 영접 기도를 드리게 하라.

접촉을 계속해 가다가 적절한 때라고 여겨질 때 "예수님을 마음속에 모시겠습니까?"라고 물어보라. 이것이 전도에 있어서의 절정이다. 그리고 이를 위해 영접 기도를 마음에 담아 두고 있어야 한다.

18) **교회**로 초청하라. 그리고 교회에 왔을 때는 같이 앉으라. 꼭 그들과 동행하고 동석하라.

전도 대상자가 예수님을 영접했다면 교회로 초청하라. 그리고 같이 왔을 때는 꼭 함께 있어 주는 것이 중요하다. 교회에서 자신이 참여하고 있는 사역이 있더라도 담당자에게 양해를 구하고 여기에 우선순위를 두는 것이 좋다.

19) 꾸준히 연락하고 만나라. 계속 **관계**를 유지하며 구역 모임이나 문화 강좌 및 성경 공부 등에 초대하라.

교회에 데리고 온 것으로 사명을 마치는 것이 아니다. 전도된 사람이 교회에 적응하는 과정에서 가장 중요한 사람은 여전히 전도해서 교회로 데리고 온 사람이기 때문이다. 바나바가 사울을 도왔던 것처럼, 교회의 각종 모임으로 이끌어 주는 일이 필요하다.

20) 그들의 영혼이 주님 안에서 잘 성숙하도록 지속적으로 **기도**하라.

전도된 사람을 영적인 자녀라고 여기고 교회 안에 잘 뿌리 내릴 수 있도록 기도로 물을 주는 일이 필요하다.

토미 바넷이 제시하는 전도의 자세와 전략은 전도의 준비에서부터 전도되어 교회에 들어온 사람들이 잘 정착하도록 돕는 것까지를 다룬다. 각 지침을 통해 전도의 원리에서 취약했던 부분들을 메워 가자.

전도자는 복음 외판원이다. 그러므로 복음을 받고 그 효과를 경험해야 하는 사람들을 공략하는 전도 전략이 있어야 한다. 전도 훈련을 통해 능력 있는 전도자로 무장되어 예수님을 온전히 닮을 뿐 아니라, 성경이 주시는 놀라운 약속과 복을 누리자.

· 실천 사항 ·

1. 잃어버린 영혼을 사랑하시는 하나님 아버지의 마음을 구하며 기도하자.
2. '잃어버린 영혼을 구원하는 전도자의 자세와 전략'에 대해 복습하자.
3. 오늘 하루 중 한 사람 이상을 전도하자.

❖ 참가자

전도는 예수님을 닮아 가는 데 있어 필수적인 덕목이다. 그분이
이 땅에 오신 목적이 전도이기 때문이다. 우리가 전도를 훈련해야 하
는 또 다른 이유는, 전도에는 너무나 놀라운 약속이 있기 때문이다.
'주님의 동행'(마 28:20)이 약속되어 있으며, '천국에서의 놀라운 삶의
질'(단 12:3)이 보장되어 있다. 주님을 온전히 닮기 위해, 그리고 성경
이 말씀하는 놀라운 약속을 누리고 천국의 복을 상속하는 성도가 되
기 위해 어떻게 하면 전도에서 승리할 수 있을지 그 구체적인 방법을
함께 생각하며 훈련하자.

1. 전도에는 ☐☐이 필요하다.
- 전도의 핵심은 전도 대상자들이 ☐☐을 ☐☐ 하는 것이다.
- 전도는 복음 ☐☐☐이라 할 수 있다.

2. 전도자의 참된 자세와 전략을 ☐☐하고 ☐☐하라.
토미 바넷(Tommy Barnet)의 '잃어버린 영혼을 구원하는 전도자의
자세와 전략

1) 전도하는 □□을 확정하라.

2) 영혼에 □□한 사람이 되라. 영혼을 사랑하는 마음과 열정을 구하라.

3) 청결하고 단정하게 하라. 사람은 □□를 본다.

4) □□□□을 가지고 다니라. 혹은 전도를 위한 작은 성경을 준비하고 다니라.

5) □ 명씩 다니라. 예수님도 □ 명씩 짝을 지어 보내셨다.

6) □ 사람이 말하라. 그리고 다른 사람은 관찰하면서 □□하라.

7) 필요에 따라 다른 사람들과도 □을 이루라. 일단 접촉한 후에는 가까운 이웃 팀을 데리고 가서 소개해 주라.

8) 떠나기 전에 성령의 □□함을 위해 기도하라. 성령님의 동행을 구하라. 특히 성령님이 꼭 필요한 말씀을 주시도록 기도해야 한다.

9) □□ 가라. 긍정적인 태도를 가지라. 성령님의 인도하심을 믿고 행하라.

10) 친절하라. 특히 상투적인 □□ 용어를 피하고 예의 바른 행동을 하라.

11) 상대방의 의견을 □□하고 □□해 주는 자세를 가지라. 칭찬과 격려를 하고 언쟁을 피하라.

12) □□에 들어갈 때는 주의하라. 무례하게 들어가지 말고 불필요한 모험을 삼가라.

13) 상대방의 말을 □□하라. 잘 들어 주는 것이 상대방을 위한 최상의 선물이며, 잘 들어 줄수록 그들의 필요에 맞는 복음 적용

이 쉬워진다.

14) 오직 □□ □□에만 초점을 맞추고 교리 논쟁은 피하라.

15) 그들이 구원받지 않았다는 점을 깨닫게 도와주라. 즉 구원의 □□□을 인식시켜 주라.

16) 메시지는 단순하게 전하라. 예수 믿으면 얼마나 □□한지를 강조하라.

17) 적절한 때를 따라 예수님을 □□하기 원하는지 물어보라. 그래서 영접 기도를 드리게 하라.

18) □□로 초청하라. 그리고 교회에 왔을 때는 같이 앉으라. 꼭 그들과 동행하고 동석하라.

19) 꾸준히 연락하고 만나라. 계속 □□를 유지하며 구역 모임이나 문화 강좌 및 성경 공부 등에 초대하라.

20) 그들의 영혼이 주님 안에서 잘 성숙하도록 지속적으로 □□하라.

전도자는 복음 외판원이다. 그러므로 복음을 받고 그 효과를 경험해야 하는 사람들을 공략하는 전도 전략이 있어야 한다. 전도 훈련을 통해 능력 있는 전도자로 무장되어 예수님을 온전히 닮을 뿐 아니라, 성경이 주시는 놀라운 약속과 복을 누리자.

· 실천 사항 ·

1. 잃어버린 영혼을 사랑하시는 하나님 아버지의 마음을 구하며 기도하자.

2. '잃어버린 영혼을 구원하는 전도자의 자세와 전략' 에 대해 복
   습하자.
3. 오늘 하루 중 한 사람 이상을 전도하자.

〈실천 보고서〉

* 제출자:_____ * 소속:_____구역

* 실천 사항

1. 주간 실천 항목(매일 실천하고 확인해야 하는 항목으로 O, X표 또는 숫자를 기입하라.)

실 천 항 목	본인 확인	지도자 확인
1. 오늘 새벽 기도회에는 참석하셨습니까?	예 / 아니오	
2. 오늘 하루 동안 성경 말씀을 읽었습니까?	( )장 / 아니오	
3. 오늘 하루 동안 기도를 드리셨습니까?	( )회 / 아니오	

2. 오늘의 집중 실천 항목(오늘 실천하고 확인해야 하는 항목으로, 실천했으면 해당
   번호에 O표 또는 내용을 기입하라.)

   1. 잃어버린 영혼을 사랑하시는 하나님 아버지의 마음을 구하며 기도하자.
   2. '잃어버린 영혼을 구원하는 전도자의 자세와 전략' 에 대해 복습하자.
   3. 오늘 하루 중 한 사람 이상을 전도하자.

3. 오늘의 다짐과 묵상 노트(오늘 개인적으로 깨닫고 다짐한 내용을 적어 보자.)

   _____
   _____
   _____

* 실천 보고서 평가

   _____
   _____
   _____

21

선교 훈련

성경: 사도행전 16:6~10

찬송: 501장(너 시온아 이 소식 전파하라)

6성령이 아시아에서 말씀을 전하지 못하게 하시거늘 그들이 브루기아와 갈라디아 땅으로 다녀가 7무시아 앞에 이르러 비두니아로 가고자 애쓰되 예수의 영이 허락하지 아니하시는지라 8무시아를 지나 드로아로 내려갔는데 9밤에 환상이 바울에게 보이니 마게도냐 사람 하나가 서서 그에게 청하여 이르되 마게도냐로 건너와서 우리를 도우라 하거늘 10바울이 그 환상을 보았을 때 우리가 곧 마게도냐로 떠나기를 힘쓰니 이는 하나님이 저 사람들에게 복음을 전하라고 우리를 부르신 줄로 인정함이러라

마지막 훈련 주제는 '선교'다. 본문은 소위 '마게도냐인의 환상'이라 불리는데, 이를 통해 사도 바울의 향후 선교의 방향이 새롭게 되는 기점이 마련되고 있다. 바울이 보았던 '마게도냐인의 환상'과 같은 체험을 얻어 선교적인 삶을 향한 새로운 계기가 마련될 수 있기를 소망한다.

1. 구원받은 성도는 하나님의 유업을 위한 고난을 받아야 한다.

우리는 구원받은 하나님의 자녀다. 이 은혜도 참 귀한 것이지만 하나님의 은혜는 거기에서 그치지 않는다. 우리를 자녀로 삼으신 하나님은 우리를 후사로 삼으셔서 하나님의 유산을 물려주신다.

이러한 유업을 물려받는 후사가 되었다면 어떻게 살아야 할까? 그 대답을 사도 바울은 로마서 8장 17절에서 주고 있다: "자녀이면 또한 상속자 곧 하나님의 상속자요 그리스도와 함께 한 상속자니 우리가 그와 함께 영광을 받기 위하여 고난도 함께 받아야 할 것이니라." 후사가 되었으면 그와 함께 영광을 받기 위해 고난도 함께 받아야 한다고 말씀한다. 당신은 지금 후사로서의 고난을 받고 있는가? 쉽게 말해, 하나님에게 받은 유산을 잘 관리하고 흥하게 하는 이 고난을 감당하고 있냐는 것이다. 명심하라. 하나님의 후사의 영광을 누리려면 후사의 고난도 받아야 한다. 지금 고난을 받고 있지 않다면 나중에 영광도 없는 것이다.

그러면 후사로서의 고난은 과연 무엇인가? 그것은 하나님의 나라 인 세계를 마음에 품고 세계를 위해서 살아가는 삶이다. 시편 2편 8절은 "내게 구하라 내가 이방 나라를 네 유업으로 주리니 네 소유가 땅 끝까지 이르리로다"라고 말씀한다. 세계, 곧 열방이 우리의 유업이라는 것이다. 하나님의 후사 된 우리가 감당해야 될 유산이라는 것이다.

당신은 지금 세계의 복음화를 위해 무언가를 하고 있는가? 그렇다면 당신은 후사의 고난을 받고 있는 것이다. 그러나 당신이 만일 세계의 복음화를 위해 하는 일이 없다면 당신은 그 고난을 회피하고 있는 것이다. 바울을 보라. 그는 이 고난을 감수하고 있다: "무시아 앞에 이르러 비두니아로 가고자 애쓰되"(7절). 바울은 이 세계가 하나님이 주신 유산이라 생각하며 유산을 관리하기 위해 수고하고 애쓰고 있다. 하나님은 이러한 바울과 같은 사람에게 후사의 영광을 주신다. 하나님의 후사로서의 영광을 놀랍게 받을 수 있도록 후사의 고난을 감당할 수 있는 삶이기를 소망한다.

2. 선교적 관점으로 세계를 볼 때 남은 과업이 여전히 있다.

그런데 후사라면 지금 하나님의 유산이 어떤 상황인가를 알 필요가 있지 않을까? 이것을 알기 위해 선교학적인 통계를 살펴보자. 이러한 선교적 관점에서 세계를 바라보면 여전히 후사로서 감당해야 할 과업이 많이 남아 있음을 알게 된다.

'미전도종족선교연대' 통계에 따르면 2016년 현재 전 세계에는 16,074 종족이 살고 있다. 종족이란 같은 피를 나누고 같은 말과 문화를 가진 집단을 가리키는데, 16,000여 종족이 전 세계에 흩어져 있다는 것이다. 그런데 지금까지 몇 종족이 전도되었을까? 9,000여 종족이 전도되었다고 한다. 여기에서 전도되었다는 말은 그 종족 안에 교회가 있고, 스스로 복음을 전할 수 있는 수준이라는 것이다. 그러면 몇 개의 종족이 남았는가? 아직도 7,000여 종족이 **미전도** 종족으로 남아 있는 것이다.

이것은 무엇을 말하는가? 아직 관리되지 않고 있는 하나님의 유산이 그만큼 많다는 것이다. 우리의 관리가 필요하고, 우리의 손길이 미쳐야 할 일이 아직 많이 있다는 것이다. 그런데 우리가 보아야 할 것은 이것만이 아니다. 이러한 하나님의 유산을 관리하는 그리스도인들이 그나마 기독교 자원을 잘 활용하지 못하고 있는 것을 알 수 있다.

먼저 기독교의 인적 자원, 곧 선교사의 숫자를 보자. 2013년 미국 〈크리스채너티 투데이〉(Christianity Today) 조사 결과에 따르면 전 세계 교회에서 파송한 선교사는 약 30만 명이다. 그중 미국이 127,000명으로 가장 많은 수를 파송했으며, 한국은 2만 명으로 브라질, 프랑스, 스페인, 이탈리아 뒤를 이어 6위에 속한다.

다음으로 물적 자원이 어떻게 사용되고 있는지를 보자. 세계 그리스도인의 연 총소득은 미국 달러화 기준으로 12조 3천억 원이라고 한다. 이 중 전 세계 그리스도인들이 드리는 헌금은 2,130억 달러 정도로 총 소득의 1.73퍼센트라고 한다. 이 중에서 해외 선교에 쓰이는 금액은 114억 달러로 총 헌금의 5.4퍼센트 정도다. 5퍼센트 정도만이 하나님의 유산인 이 세계의 복음화를 위해 사용되고 있는 것이다. 그런데 진짜 문제는 선교비가 사용될 때 편중이 심하다는 것이다. 선교비 114억 달러 중 87퍼센트가 이미 기독교화 되어 있는 종족들을 위해 사용되고 있다. 그리고 12퍼센트는 기독교화가 진행되는 종족들을 위해, 나머지 1퍼센트인 약 1억 4백만 달러 정도만이 전도되지 못한 종족들을 위해 쓰이고 있다. 이처럼 하나님의 유산인 이 땅에는 우리의 할 일이 아직도 많이 남아 있다.

3. 남은 과업을 위해 우리가 감당할 사명이 있다.
이 땅에 남은 과업을 위해 우리가 할 일은 무엇인가?

1) 기도하라.
세계 선교와 복음화를 위한 사명 중 가장 우선되어야 할 것은 바로 기도다. 사도 바울은 선교 사역을 위해 기도하고 있었다: "밤에 환상이 바울에게 보이니"(9절). '환상'이란 성령의 신비적인 은사인데 기도의 상황에서 보게 된 것이라고 해석하는 것이 합당하다. 6~7절에서 성령 하나님의 개입과 사도 바울의 마음의 계획을 막으셨다는 것을 볼 때 이 환상도 성령이 가장 힘 있게 활동하시는 기도 가운데서 사도 바울에게 보여 주셨다고 하는 것이 무리가 없다.

바울과 같이 우리 역시 선교적 사명을 감당하려면 가장 먼저 기도에 힘써야 한다. 어떤 기도일까? 앞에서 배운 중보기도다. 혹자는 이러한 중보기도를 '미사일 기도'라고 표현한다. 전투 현장에 직접 나가 싸우지 않아도 후방에서 아군을 지원하며 적에게 충분히 치명상을 줄 수 있는 이 미사일 공격은 중보기도의 성격을 잘 말해 준다. 마찬가지로 선교 현장에 직접 갈 순 없지만 선교 사역을 지원하고자 할 때 기도의 미사일로 공격하라. 선교의 전방에서는 우리의 공중 지원을 기다리고 있다. 멀리 떨어져 있을지라도 그들을 위해 강력한 화력을 가진 중보기도로 지원하라.

2) 선교적 재원을 조달하라.

전쟁 시 후방에서 해야 할 또 한 가지 일은 바로 물자의 보급이다. 마찬가지로 우리가 하나님의 후사로서 하나님의 유산인 이 땅에서 하나님의 승리의 깃발이 세워지게 하려면 실제로 선교에 투입될 재원들을 조달해야 한다. 선교 헌금과 선교 비품을 지원해야 한다는 것이다. 어떤 경우는 선교사 한 명보다도 더 필수적이고 중요한 물품이 있을 수 있다. 고산족을 섬기기 위한 사륜구동 지프차, 젊은이들을 대상으로 사역할 수 있는 악기나 컴퓨터, 어린들을 돕기 위한 영상 장비나 솜사탕 기계 등, 이런 것들은 선교사 한 명이 수고하는 것보다 더 많은 사람을 만나게 할 수 있고, 불러들일 수도 있다. 실제로 아프리카 케냐에서는 뻥튀기 기계로 몇 개의 부족을 복음화한 실례가 〈한민족 리포트〉라는 다큐멘터리에 방영된 적이 있다. 선교사만 파송하고는 '알아서 해라' 하는 것은 하나님의 참된 후사가 아니다. 후사의 수고를 위해서 우리의 소유 중 일부를 떼어 선교지에 보내는 것이 필요하다.

3) 직접 **가라**.

세계 선교와 복음화를 위해 우리가 감당해야 할 사명 중 또 하나 중요한 것은 직접 가는 것이다. 이것은 장기적인 선교사로 헌신하라는 말이기도 하지만, 그러한 소명이 없다면 단기적으로 선교지를 방문해서 선교사의 사역을 보고 배우며 함께 돕는 것을 뜻하기도 한다.

본문 10절에 사도 바울과 "우리"라고 표현한 사람들이 직접 마게도냐를 향해 갔던 것처럼, 우리 또한 교회가 섬기는 선교 현장 또는 가족이나 관련된 선교사들이 사역하는 곳으로 가서 함께 단기 사역을 실천해 보는 것이 필요하다. 선교지를 방문하고 돌아온 후에는 어떤 현상이 일어날까? 선교지를 위한 중보는 더욱 힘 있고 간절한 기도가 될 것이며, 헌금 또한 더욱 자원하는 기쁜 헌금이 될 것이다. 또한 선교 경험을 가진 성도가 교회 안에서 각 사역을 맡고 진행하면 교회의 체질이 더욱 선교적인 체질로 변화할 수 있는 이점도 있다.

우리는 하나님의 자녀가 되었다. 또 후사가 되었다. 이것은 놀라운 은혜다. 이러한 은혜를 받았다면 이제 후사의 고난을 감당하자. 우리에게 물려주신 하나님의 유산인 이 세계를 향해 후사의 수고를 실천하자. 우리 아버지 되신 하나님의 유산인 이 땅이 복음으로 충만해지고 찬양으로 가득 채워지도록 우리 각자가 하나님이 기뻐하시는 후사들이 되자.

· 실천 사항 ·

1. 하나님이 기뻐하실 만한 후사가 될 수 있도록 세계를 품은 그리

스도인이 되게 해 달라고 기도하자.

2. 당신이 알고 있는 선교사와 그 가정과 사역을 위해 기도하자.

3. 기도하고 후원해야 할 선교지와 선교사의 이름을 적고 기도와 후원을 실천하자.

_____

_____

_____

마지막 훈련 수제는 '선교'다. 본문은 소위 '마게도냐인의 환상' 이라 불리는데, 이를 통해 사도 바울의 향후 선교의 방향이 새롭게 되는 기점이 마련되고 있다. 바울이 보았던 '마게도냐인의 환상'과 같은 체험을 얻어 선교적인 삶을 향한 새로운 계기가 마련될 수 있기를 소망한다.

1. 구원받은 성도는 하나님의 ☐☐을 위한 ☐☐을 받아야 한다.

- 하나님은 구원의 은혜 속에서 우리를 자녀 삼으셨다. 또한 하나님의 ☐☐로 삼으셔서 하나님의 ☐☐을 물려주신다.

- 후사로서의 고난은 하나님의 ☐☐인 세계를 마음에 품고 세계를 위해서 살아가는 삶이다.

2. 선교적 관점으로 세계를 볼 때 남은 ☐☐이 여전히 있다.

- 전 세계 16,000여 종족 중 약 9,000여 종족이 전도되었다. 아직도 7,000여 종족이 ☐☐☐ 종족으로 남아 있다.

3. 남은 과업을 위해 우리가 감당할 ☐☐이 있다.

1) □□하라.

2) 선교적 □□을 조달하라.

3) 직접 □□.

우리는 하나님의 자녀가 되었다. 또 후사가 되었다. 이것은 놀라운 은혜다. 이러한 은혜를 받았다면 이제 후사의 고난을 감당하자. 우리에게 물려주신 하나님의 유산인 이 세계를 향해 후사의 수고를 실천하자.

· 실천 사항 ·

1. 하나님이 기뻐하실 만한 후사가 될 수 있도록 세계를 품은 그리스도인이 되게 해 달라고 기도하자.

2. 당신이 알고 있는 선교사와 그 가정과 사역을 위해 기도하자.

3. 기도하고 후원해야 할 선교지와 선교사의 이름을 적고 기도와 후원을 실천하자.

_____

_____

_____

〈실천 보고서〉

* 제출자:_____ * 소속:_____구역

* 실천 사항

1. 주간 실천 항목(매일 실천하고 확인해야 하는 항목으로 O, X표 또는 숫자를 기입하라.)

실 천 항 목	본인 확인	지도자 확인
1. 오늘 새벽 기도회에는 참석하셨습니까?	예 / 아니오	
2. 오늘 하루 동안 성경 말씀을 읽었습니까?	( )장 / 아니오	
3. 오늘 하루 동안 기도를 드리셨습니까?	( )회 / 아니오	

2. 오늘의 집중 실천 항목(오늘 실천하고 확인해야 하는 항목으로, 실천했으면 해당 번호에 O표 또는 내용을 기입하라.)

  1. 하나님이 기뻐하실 만한 후사가 될 수 있도록 세계를 품은 그리스도인 이 되게 해 달라고 기도하자.
  2. 당신이 알고 있는 선교사와 그 가정과 사역을 위해 기도하자.
  3. 기도하고 후원해야 할 선교지와 선교사의 이름을 적고 기도와 후원을 실천하자.

  _____
  _____
  _____

3. 오늘의 다짐과 묵상 노트(오늘 개인적으로 깨닫고 다짐한 내용을 적어 보자.)

  _____
  _____
  _____

* 실천 보고서 평가

  _____
  _____
  _____